4ᵉ PARTIE

DE LA GRANDE

MÉTHODE

DE PIANO

PAR

CH. CZERNY

DE VIENNE

Op. 500   Prix

PARIS, chez S. RICHAULT, Éditeur, Boulevart Poissonnière N° 26 et 1ᵉ

1846

Par charles **CZERNY**. (Op: 500)

CHAPITRE I.

INSTRUCTION PRÉLIMINAIRE.

Pour l'exécution des plus nouvelles compositions de THALBERG, DOEHLER, HENSELT, CHOPIN, TAUBERT, VILLMERS, F: LISTZ etc: etc: et autres compositions modernes.

1½

Depuis la publication de cette Méthode, le mécanisme du Forte Piano a éprouvé plusieurs modifications et diverses nouvelles combinaisons importantes, par l'apparition des nouveaux virtuoses dont les compositions ont amené des améliorations qui ont donné lieu à des règles et à des remarques dont il étoit impossible de se former primitivement une idée.— Il est donc nécessaire que dans les présents chapitres supplémentaires toutes les particularités et diverses manières d'exécution de l'école moderne soient ex_ pliquées, relativement aux célèbres et nouveaux artistes modernes. *Thalberg, Listz, Doehler, Chopin, Henselt, Villmers*, et autres, ce qui est indispensable pour que les Élèves arrivent à mieux s'identifier avec leurs nouvelles compositions.

2½

Les effets propres et particuliers au moyen desquels se distingue le nouveau mécanisme du Piano, de l'ancien, peuvent devenir clairement démontrés, si nous donnons d'abord une petite exposition de leur origine, et de leurs métamorphoses. On saisit le résultat de leurs progrès seulement alors que l'on a suivi cette marche.

3½

C'est vers la fin du dernier siècle, de 1750 à 1800, que le *Forte Piano* devint peu à peu d'un usage universel, et remplaça le Clavecin et le *Clavicorde* précédemment usités.

Il porte son nom de *Forte Piano* avec raison, à cause de cette propriété qu'il offre, que, touché avec plus ou moins de force, il donne plus ou moins de son, et peut ainsi procurer à la fois le sentiment et l'expression. Ce qui ne pouvoit nûllement s'obtenir des clavecins primitifs, ni des clavicordes.

4½

On inventa bientôt après plusieurs *mutations* Pédales au moyen desquelles le son du Forte Piano put se mo_ difier de diverses manières. La plus importante de ces mutations, celle qui est demeurée jusqu'à ce jour comme essen_ tielle, est celle surnommée *Forte*. Pédale au moyen de laquelle sont soulevés les étouffoirs, et alors chaque cor_ de frappée vibre encore, bien que la touche même ait cessé d'être pressée.

5½

Les grands pianistes qui se distinguèrent immédiatement après la mort de *Mozart*, tels que *Beethoven Dussock, Cramer, Steibelt* etc: etc:_ reconnurent promptement qu'avec cette pédale on pourrait produire de puissants ef_ fets de sonorité.

Nous en trouvons déjà l'emploi dans les bagatelles de Beethoven Op: 35, publiées en 1803, passage suivant.

Dans cette exemple, le La♭ grave résonne vigoureusement à la basse au moyen de la Pédale indiquée par l'auteur, comme basse fondamentale, tandisque les deux mains reproduisent doucement la phrase harmonieuse.

2873. R.

§6

Steibelt a fait usage de cette Pédale surtout dans le *Tremolando* ...

et a produit par cette combinaison alors nouvelle, l'effet d'un tonnerre lointain.

§7

Dussek et *Cramer* l'ont employée dans ce passage d'accords brisés.

EXEMPLE.

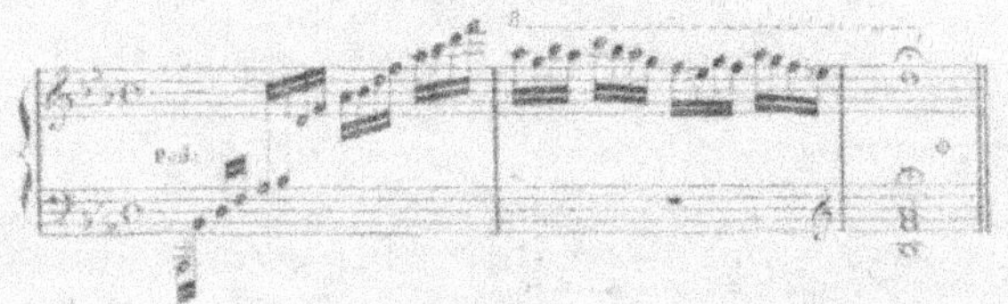

§8

Mais il arrive souvent, dans les nouvelles inventions, que beaucoup de personnes ne savent pas distinguer le bon emploi d'avec l'abus, et que certains Pianistes ne tirent parti de cette Pédale que pour produire un bruit confus. Il est donc nécessaire que les Professeurs dirigent avec soin leurs Élèves sur l'étude et l'emploi de cette Pédale.

Hummel lui même, comme élève de *Mozart*, et de *Clementi*, ne s'en servait qu'avec réserve.

§9

Il faut pourtant reconnaître que l'on peut avec cette Pédale obtenir une telle puissance de sonorité que les doigts seuls ne sauraient la produire. *Beethoven* l'a fréquemment employée dans ses œuvres de Piano.

§10

Durant cette époque le *Forte-Piano* subit d'autres améliorations. On lui donna de plus fortes cordes, au moyen desquelles le son des octaves supérieures primitivement si grêle acquit plus de rondeur, et par la structure des marteaux on arriva à un degré de perfection si remarquable, que l'on put obtenir d'un seul coup un grand nombre de nuances de tons sur chaque touche, et que le mécanisme du Piano put s'augmenter soudain d'une 3ᵉ corde.

§11

Cette nouvelle invention est universellement répandue sur les derniers Pianos; la note d'une mélodie simple résonne vigoureusement dans le medium du Clavier, et sans pour cela que l'emploi des Pédales soit obligatoire. Les doigts peuvent exécuter dans toutes les octaves les passages les plus brillants.

§12

C'est pourquoi *Thalberg*, la première fois qu'il fit entendre à Vienne sa fantaisie sur *Don Juan* y développa une foule de nouveaux effets et y produisit le plus grand étonnement, par des traits semblables à ceux qui suivent

Les Pianistes, même expérimentés, ne pouvaient pas comprendre alors la possibilité de ces effets. Mais lorsqu'on frappe les octaves vigoureusement soutenus par la Pédale on obtient l'effet suivant.

et le dessin intermédiaire de ce brillant passage pourrait être exécuté par d'autres mains.

§13

Le nouveau mécanisme du Piano exige:

1° Une grande agilité de doigts et beaucoup d'assurance dans les morceaux de bravoure.

2° Dans un chant marqué expressif, attaquez la mélodie avec un seul doigt, tandis que les autres doigts de la même main tout à fait indépendants, exécutent les traits et passages difficiles, avec légèreté.

3° Observez bien l'emploi opportun des Pédales, qui souvent ne concernent qu'une seule note, et parfois aussi toute une mesure, et doivent être mises en action avec à propos et précision, selon que les accords qui suivent sont consonants ou dissonants.

§14

A l'égard de ces derniers points, le Pianiste doit choisir pour ses Etudes, les compositions où l'emploi de la Pédale n'est point encore indiqué — De même qu'une œuvre musicale conforme à cette pureté — Ce doigté et cette agilité déjà bien recommandés — Car par les fréquentes interruptions et répétitions des mêmes traits que les Etudes comportent naturellement avec elles, il est d'ordinaire que la Pédale occasionne une exécution très pernicieuse, dont on ne peut se corriger, comme aussi l'agrément d'encombrer l'oreille des Pianistes d'un torrent de dissonances aiguës.

Beaucoup de Pianistes se sont tellement gâté le sens de l'ouïe par un emploi hors de propos de la *Pédale Forte* qu'ils n'ont plus de sentiment pour une harmonie pure, et que certains compositeurs arrivent jusqu'à se permettre ce qui ne peut absolument être toléré — Car l'oreille humaine peut s'habituer à la fin à la monstruosité comme à la plus grande beauté du sons, et les annales de la musique l'ont depuis longtems suffisamment prouvé.

§15

Nous offrons maintenant quelques exemples des compositions les plus estimées de l'époque moderne et dont l'exécution nécessite quelques observations.

DU STYLE DES COMPOSITIONS DE THALBERG.

Pour les Elèves qui ont en vue de reproduire l'effet clair et intelligible du passage suivant, et ses chances nous baserons chaque Exemple sur une mélodie remarquable avant de passer à d'autres.

§16

No 1 (sur l'op. 42)
Mélodie fondamentale de l'exemple suivant.

4

Ainsi donc, comme cette Mélodie est ici d'un caractère et d'un style simple, elle doit être présentée à l'auditeur dans l'exemple suivant au milieu d'un accompagnement, aussi claire et distincte que si elle était exécutée sur un autre instrument par une main Étrangère.

On voit que dans les notes rapides surajoutées la Mélodie ne peut se soutenir avec les doigts autant que dans le trait paisible qui précède.— Aussi doit elle être exécutée avec vitesse, alternativement avec la main droite et la main gauche, comme elle est indiquée sur le Clavier.— Mais ici, par l'emploi exact et à propos de la Pédale, chaque note résonne à sa juste valeur, et l'accompagnement doit ressortir beaucoup plus doux et plus légèrement pour que la Mélodie toute entière se dessine avec l'effet précédemment décrit plus haut. L'exécutant doit surtout observer le degré de force qu'il faut y mettre pour rendre sans exagération la Mélodie des autres figures.

De même ici la Mélodie s'exécute alternativement entre la main droite et la main gauche, selon qu'elle peut devenir plus commode et mieux masquée.— Tout l'accompagnement doit se jouer aussi doux et délicat que possible.

Les arpèges de la main droite (à l'exception des notes de Mélodie) doivent s'exécuter extrêmement doux, paisibles et légers. De même quant à la Basse l'ensemble produit alors un effet harmonieux très agréable.

Les mots (*Due Pedali*) signifie, qu'avec la *Pédale* des étouffoirs, il faut aussi prendre du pied gauche, celle qui pousse le Clavier plus à droite, de manière que chaque marteau ne frappe que sur une seule corde.

Ces 2 Pédales sont les seules que l'on trouve maintenant à tous les bons Pianos, toutes les autres étant superflues comme peut le reconnaître l'exécutant le plus inexpérimenté.

La Pédale *Céleste* ne rend pas seulement le son plus doux, elle lui en donne encore un autre, d'un caractère mélodieux. L'exécutant commettrait une grande faute s'il voulait jouer *Piano* tous les passages gracieux avec cette Pédale. Ce n'est que sur les bons instruments Modernes que l'on peut produire chaque degré de force et de faiblesse dans toute sa plénitude.

Cette Pédale ne doit s'employer que dans les passages mélodieux ou harmonieux dont on veut augmenter encore la délicatesse. Du reste nous entendrons désormais par le mot *Pédale*, seulement la *Pédale des étouffoirs* ou grande Pédale.

N°19

Dans cet exemple, (qui doit se jouer de la même manière que les précédents) le trait de transition doit se faire d'une main très légère et sans employer toute la force. La Pédale ne doit pas non plus se maintenir pendant les 8 dernières notes de la Basse, car ces notes deviendraient bientôt discordantes.

N°20

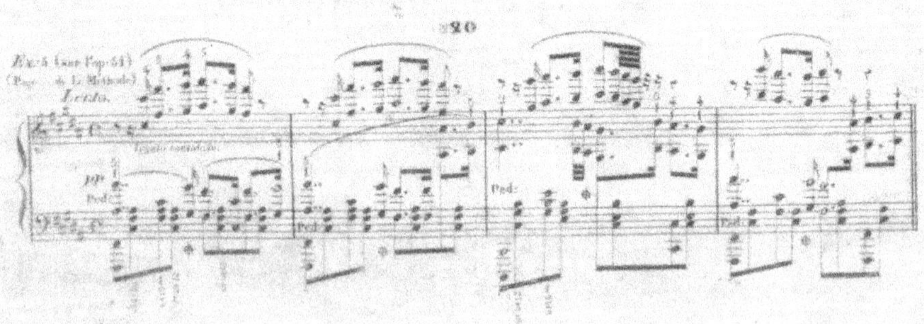

L'exécution d'un tel passage paraît au premier abord tout à fait impossible, même à 4 mains elle est assez difficile sans le secours des Pédales.

Elle ne sera plus embarassante si l'on partage les notes du chant intermédiaire entre les deux mains comme le doigté chiffré l'indique. Les notes supérieures, qui forment une sorte de répétition ou Canon de la phrase du milieu, doivent aussi se réciter plus doucement que les autres.

N°21

Ex: 6 (sur l'op 45.)

Les triplets en doubles croches doivent se faire ici durant tout le passage (comme on le recommande par le doigté chiffré) alternativement de la main droite et de la main gauche, toutefois avec une telle égalité que l'on puisse croire que la main droite seule l'exécute de la manière suivante:

On doit les exécuter très intelligiblement et pendant l'accord en croches l'égrenant et brièvement. La Pédale n'est ici (du moins dans ces 4 mesures) nullement applicable. On pourra l'employer un peu plus tard et quelquefois dans le cres. cendo ou le *Forte* mais seulement durant les plus graves notes de la Basse.

N°22

Le passage suivant où elle se rencontre fréquemment est bon à exercer.

C'est la gamme Chromatique, distribuée toutefois de telle manière qu'elle peut retentir et résonner comme triple bien marqué et bien détachée — Elle est seulement praticable dans la plus grande rapidité, et *Fortissimo* — Les exemples donnés suffisent pour connaître la manière d'exécution particulière de *Thalberg* et étudier tous les passages semblables écrits dans le même Esprit. Cette méthode est-elle supérieure? c'est ce que le grand succès de l'exécution et celui de ses œuvres à prouvé depuis longtems.

N°23

SUR LE STYLE DES COMPOSITIONS DE DÖHLER.

Quoique les œuvres de *Döhler* soient calculées sur des effets assez semblables, elles ont néanmoins plusieurs particularités que nous pouvons faire connaître dans les exemples suivants:

On voit ici que la Mélodie réside en la partie intermédiaire, et devra s'exécuter alternativement avec les deux pouces.— Ces deux doigts frapperont vigoureusement, et d'une manière bien appréciable.— La pédale n'est point nécessaire.

La Mélodie s'exécutera aussi des deux pouces bien marquée et bien distincte.—

N° 25

Döhler a composé, (probablement le premier en 1838) plusieurs morceaux pour la main gauche seule, et comme cette forme est depuis fréquemment employée, nous en donnons ici un petit exemple.

On voit que dans de tels morceaux l'effet dépend entièrement de l'emploi des pédales.— On doit remarquer surtout que la partie supérieure s'exécute plus fort que les notes d'accompagnement, et il en sera de même lors d'un brusque changement de doigts d'une touche à l'autre; par ce moyen la mélodie peut se lier convenablement avec les accords arpégés suivants.—

Ces exemples se doivent exécuter *Pianissimo*, pendant les 4 premières mesures ... et les notes de la Mélodie seules telle-ment accentuées, quelles se fassent entendre nettement dans leur marche. La main droite se posera en sautant avec ce léger demi détaché qui ne s'obtient que par une délicate et rapide pression de l'extrémité du doigt. Les Tierces ne se joueront que à la cinquième mesure.

On ne doit dans cet exemple user de la Pédale qu'avec circonspection ... Si non, les Tierces occasionneraient bientôt une véritable cacophonie.

Il faut ici une légèreté de main infinie et une grande agilité de doigts pour exécuter convenablement cet exemple. Le pouce doit marquer la Mélodie ainsi partagée plûtot par sa superposition naturelle que par une percussion particulière. La Pédale ne devra de même se prendre ici qu'au commencement de chaque mesure et pendant quatre doubles croches.

Cet exemple réclame aussi une main très légère, car toutes les croches se doivent frapper très brèves et très délicates pendant que le pouce et le petit doigt marqueront alternativement et doucement le Thème. La Pédale peut tout au plus s'employer pour les deux premières croches de chaque mesure. Le tout doit s'exécuter gaiment et très vite.

Les groupes de Trilles de cet exemple, doivent se lier exactement l'un à l'autre pendant toute la gamme, de telle sorte que ni lacune ni double consonnance nouvelle n'intervienne entr'eux. La Pédale est ici comme on le voit nécessaire pour remplir l'harmonie. Pour tout le reste, l'exécution déjà connue.

§ 30

Les compositions de *Böhner* sont d'une exécution brillante, expressive, très piquantes et d'une grande volubilité; elles sont calculées pour acquérir la manière de bien faire le trille; elles doivent se rendre avec feu, vivacité, comme aussi quelquefois avec esprit et une grâce pleine de finesse.

§ 31

EXÉCUTION DES COMPOSITIONS DE HENSELT

Ce compositeur base également ses effets sur l'emploi bien calculé des *Pédales*, et l'originalité de ses œuvres musicales, consiste en cela que l'accompagnement du chant intermédiaire se partage entre les deux mains, et reste alors indépendant, comme le fait remarquer la phrase écrite à la partie supérieure, et dont suit un exemple.

§ 32

On voit déjà sur la partie à quelle main appartient chaque note de la partie intermédiaire; alors toutes les notes appartenant à la ligne supérieure se prendront de la main droite. Mais les doubles croches doivent paraître tellement égales et enchaînées, que l'on ne remarque en aucune manière le changement des deux mains. L'accompagnement de la partie intermédiaire doit s'exécuter si délicatement, qu'avec l'emploi des pédales on puisse distinguer les moindres notes consonantes.

§ 33

Ici de même, les croches du milieu seront partagées entre les deux mains selon qu'elles se trouvent sur la ligne supérieure ou inférieure. La pédale se prendra pareillement au commencement de la première mesure et sera maintenue pendant toute la mesure. Dans la deuxième mesure, on la prendra pour chaque demi-mesure, et dans les 3ᵉ et 4ᵉ pour chaque quart de mesure. — L'abandon et la reprise des Pédales doit se faire avec une telle promptitude que l'oreille ne puisse dans leur succession remarquer entr'elles aucun vide.

§ 34

On doit observer ici que les compositeurs modernes n'indiquent nullement partout la Pédale, où elle est nécessaire. On compte par là beaucoup sur l'expérience de l'exécutant 1° de faire vigoureusement résonner au moyen de la Pédale tous les traits brillants qui ne peut bien s'obtenir avec les doigts seuls.

2° et que dans le changement d'harmonie il ne reprenne pas la Pédale, pour ne pas produire par l'effet d'une consonnance simultanée, divers accords antiharmonieux, ce qui par un habile emploi des Pédales, peut et doit toujours s'éviter. Ainsi l'exécutant voit facilement dans le passage suivant.

Les blanches et les rondes se doivent maintenir seulement avec la Pédale, et que la Pédale se doit prendre de nouveau à chaque mesure.

Ceci concerne également ces accords brisés qui forment un accompagnement harmonieux, et qui sans Pédale résonneraient d'une manière sèche et vide.

La Pédale doit ici se prendre de nouveau à chaque demi mesure.

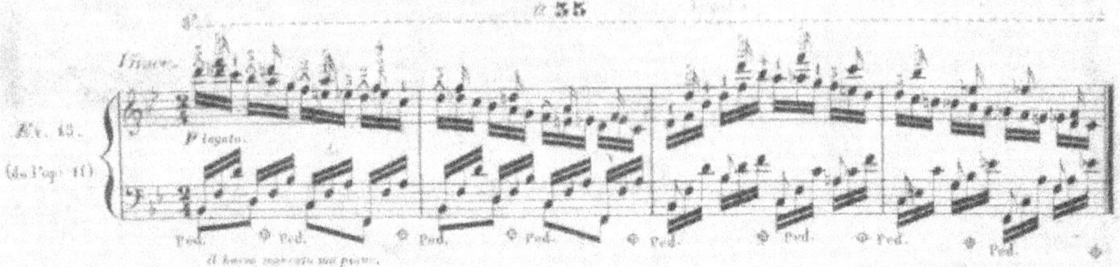

Le Compositeur a indiqué ici à dessein la Pédale, parcequ'elle n'est d'ailleurs nullement nécessaire. Les doubles notes de la main droite se frappent ensemble. Il serait mauvais de les briser comme si les basses étaient des notes d'a_grément.

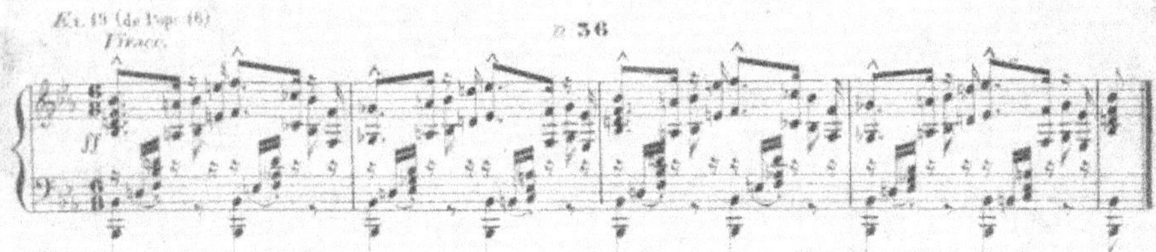

Dans ce morceau de bravoure, la main gauche se tiendra sur la droite après les deux premières doubles croches, et elle pourra frapper facilement son octave subséquente. La Pédale se maintiendra après chaque octave basse, tout au plus trois ou quatre doubles croches.

№ 37

Les compositions de Henselt doivent s'exécuter avec beaucoup de sentiment et de passion. Leurs difficultés nécessitent une touche ferme, une grande dilatabilité et tension de doigts, et de même que dans toutes les œuvres musicales modernes un emploi bien calculé des Pédales. Dans ses Mélodies se rencontre néanmoins plus d'énergie que d'élégance.

№ 38
EXÉCUTION DES COMPOSITION DE CHOPIN.

Les difficultés particulières que les œuvres de Piano de Chopin offrent à l'exécutant consistent surtout dans un grand déploiement de doigts et un doigté tout spécial, qui dans certains passages devient souvent nécessaire... Il faut aussi un toucher très délicat et une exécution très caractérisée... De même que l'emploi le plus précis des Pédales, pour donner à ses harmonies et à ses ornements parfois très hétérogènes l'Euphonie qui leur est convenable... Les exemples suivants fixeront l'attention sur les points les plus importants.

N° 39

Ces passages doivent s'exécuter *Legato* (Liés) la difficulté du doigté l'exige; les doubles notes de la main droite se frapperont exactement ensemble, le tout se développera couramment et librement.

N° 40

Ici, la Pédale précédemment indiquée par l'auteur est positivement nécessaire pour que l'harmonie chantante se maintienne à la main gauche; ce que que l'exécutant trouvera facilement. Le doigté que nous y avons mis indi_ que la manière de jouer ce morceau pour ne pas déroger au caractère que, l'auteur lui a donné.

N° 41

Dans cet exemple la Pédale résonne toujours,ce qui fait paraître superflu les notes détachées de la basse.Mais il n'en est pas ainsi;il faut remarquer que les sons heurtés par la pédale résonnent tout différemment que s'ils étaient agités par la vibration ordinaire,parceque la secousse leur imprime une toute autre sorte de caractère et de sonorité.

Ex. 23. (de l'op. 35)
Molto vivace.

La distribution de ce passage n'est point aussi difficile qu'elle le paraît si d'abord chaque main, s'exerce seule dans le mouvement rapide indiqué jusqu'à ce qu'elle s'accoutume au degré de vitesse qui lui appartient, et que l'on voie ainsi après l'exécution simultanée que chaque main a conservé son indépendance particulière.

Ex. 24. (de l'op. 25)
Molto agitato.

Les petites notes supérieure détachées doivent se jouer avec la plus grande délicatesse et légèreté possible, de même que la grande Mélodie et la basse. La répartition se fera donc comme dans l'exemple 22.

§ 44

Les compositions de Chopin ne sont pas calculées sur d'aussi brillants effets que celles des précédents compositeurs, quoiqu'elles soient assez difficiles à étudier. Leur caractère est haut, noble, sentimental et pour la plus part mélancolique. L'exécution en est pareillement calculée sur un changement de mouvement conforme au but, *ritardendo accelerando*, et tout le reste, d'après les moyens d'exécution exposés dans la troisième partie de cette École. En tous cas, le Pianiste devra posséder la prestesse des doigts la plus complète, avant de commencer l'étude de ces compositions, où se rencontre tout l'art d'une sentimentale expression. (*)

§ 45
SUR LES COMPOSITIONS DE TAUBERT.

Taubert se range dans sa manière d'exécution plus du coté de Thalberg et de Heuselt, que de Chopin; et ses effets reposent à peu près sur les mêmes moyens. Voir l'exemple.

Ex. 25.
(de l'op. 41)
Mélodie.

La même brodée.

Les Octaves de la Mélodie doivent se jouer avec la main droite, et soutenues au moyen de la Pédale. Pendant que cette même main fait les notes supérieures de l'accompagnement intermédiaire. Ces dernières doivent être coulées et bien liées avec les trois doubles croches de la main gauche, comme l'indique le trait inférieur.

(*) D'après ces chapitres-supplémentaires on compte naturellement que toute cette école deviendra une véritable encyclopédie pour quiconque voudra bien étudier spécialement la 3e partie qui traite de l'Exécution.

La même manière d'exécution particulièrement à la troisième mesure, non seulement les doigts et la main, mais encore aussi les bras, devront se mouvoir avec la plus grande légèreté possible.

§ 247

Beaucoup de nouveaux morceaux de musique portent maintenant des dénominations particulières, comme par exemple — La *Nayade*, La *Sirène*, la *clochette* (Campanella) *Ondine*, *Graciose* la *Neige*, etc. etc. La danse des esprits...
C'est au compositeur à déterminer et justifier le vrai caractère qu'il a pour ainsi dire annoncé sur le titre de son œuvre.
Néanmoins, l'exécutant ne doit pas oublier, attendu que cela dépend d'abord de son exécution personnelle que ce caractère est positivement connu de l'auditoire. Presque tout les titres ci-dessus indiquent une image surnaturelle, une joie précise qui ne peut se réaliser dans l'exécution que par la grâce la plus subtile, et la légèreté la plus merveilleuse. Une danse de Fées par exemple (même quand la composition serait parfaitement bonne) ne serait pour l'auditoire qu'une ridicule danse de farfadets, si le pianiste l'exécutait grossièrement et lourdement.

§ 248

Une parfaite dextérité est donc la première condition requise... Sans elle une exécution poétique est impossible, ou du moins complètement inutile — La dernière dépend alors du degré d'instruction du talent de l'exécutant, de son intelligence de l'esprit de la composition, et surtout de l'audition des grands artistes... C'est pourquoi nous devons insister sur ce point fondamental que dans la troisième partie de cette école nous avons indiqué comme seul et infaillible moyen d'arriver à cette perfection.

§ 249

DES COMPOSITIONS DE WILMERS.

Il est intéressant à remarquer combien de diverses sortes d'exécution, et de moyens d'exercices manuels sont possibles sur le Piano. Chacun des artistes célèbres précédemment nommés se distingue des autres par une exécution particulière, personnelle, individuelle, une dextérité technique, une adresse étonnante, une variété de jeu et de son etc. etc. si importantes, que l'on est fort surpris de trouver dans le Piano une semblable diversité possible. De même Wilmers brille et se distingue par une grande perfection de jeu, il présente l'emploi des effets découverts jusqu'à ce jour d'une manière heureuse, sa force consiste principalement dans une très belle exécution des écarts, des octaves, des sauts, et spécialement des trilles dans tout les degrés de vitesse. (Donnons un seul exemple)

On comprend que la tenue des accords s'effectue au moyen de la Pédale, et que l'artiste fonde sur celle-ci toute la puissance de ses effets. Aux octaves de la cinquième mesure des suivantes, il faut marquer particulièrement les notes du thème primitif, ce qui exige, dans un rapide mouvement, une élasticité de bras toute spéciale.

Et le *Sout.* doit se faire avec la plus grande force et la plus grande vigueur possibles, pendant que la Pédale, reproduit l'harmonie pleine et bien chantante des accords parfaits.

On voit encore ici quels effets l'emploi des Pédales de cette composition demande.

Comme l'auteur veut que la Mélodie soit bien marquée, il recommande ainsi l'exécution de cette manière.

C'est-à-dire que la première note grave de chaque nouveau trille doit se frapper un peu plus fort sans néanmoins interrompre le moins du monde l'égale rapidité de toutes les notes trillées. Du reste, le nombre des petites notes trillées demeure illimité, il dépend du mouvement et de la rapidité des trilles.

De semblables chaînes de trilles sont il est vrai bien longues. Mais on les fera ici dans un mouvement d'une lenteur extraordinaire (à peu près jusqu'à la moitié du morceau) sans interruption — et leur exécution pétillante passera par toutes les nuances du *Forte* et du *Piano* sans que la moindre uniformité en altère le charme.

On doit s'y servir du pouce autant que possible, même quand la note la plus grave est une touche noire ... Exemple.

En de pareils morceaux de bravoure, on observera beaucoup plus l'adresse et la légèreté du bras que celle des doigts. Les Octaves supérieures qui représentent la Mélodie, devront se frapper avec une vigueur et une fermeté particulières (mais nullement arpégées) et l'exécutant doit posséder une domination suprême sur tout le Clavier.

Pour exécuter de pareils morceaux le Pianiste a besoin d'avoir beaucoup de force dans son jeu, une grande dextérité dans les bras et les doigts, une respiration libre, enfin être d'une forte constitution.

#54
SUR L'EXÉCUTION DES COMPOSITIONS DE FR. LISTZ.

Liszt n'a pas seulement reçu de la nature un grand talent, mais encore une très heureuse organisation de doigts et de mains. Tout ce que nous avons jusqu'à présent signalé chez les autres, se trouve réuni chez lui, pour ainsi dire à ses ordres; et nous permet d'expliquer, le prodigieux succès qu'il a obtenu, même lors de ses premiers pas dans la carrière. Il se distingue principalement de ses rivaux, par un style d'exécution *génial*, original, un caractère, un sentiment si puissant, si grandiose et en même tems si extraordinaire, que la définition par des mots en paraît impossible.

Les compositions de Liszt sont tellement difficiles, que pour les exécuter convenablement et dans leur mouvement, le pianiste qui l'entreprendra doit auparavant s'être bien familiarisé avec toutes les diverses manières d'exécution déjà examinées. C'est pourquoi, il n'est pas tout à fait irrégulier d'avancer que l'on ne peut entendre les œuvres de Liszt que lorsqu'elles sont exécutées par lui même.... Beaucoup de traits dans ses compositions, semblent par une exécution ordinaire fort durs et fort bizarres.... mais sous sa main, même dans le mouvement le plus rapide, chaque doigt paraît avoir une âme, toute aspérité s'évanouit, où elle brille si bien à sa place, que l'impression de toute l'œuvre, demeure saisissante et incomparable.

Nous allons essayer de donner, dans les exemples suivants une idée de son excentricité musicale.

Ce passage devait s'écrire sur trois portées, ce qui existe aujourd'hui quelques fois par d'autres compositeurs, car il n'était pas possible de placer la mélodie de la main droite entre celle qui se croise avec l'accompagnement.... La main gauche doit exécuter l'accompagnement très légèrement et *Piano*, et se tenir constamment au dessus de la main droite. La main droite fait ressortir la mélodie avec un peu plus de vigueur, ce qui est nécessaire pour qu'elle demeure, en marchant avec une autre espèce de sons.... Cependant, point de *Forte*. Les notes liées de la main droite, ne pourront naturellement s'effectuer, en soutenant les notes mais seulement par un emploi très exact de la Pédale.... C'est pourquoi les notes mêmes après lesquelles la main droite doit faire le rapide trait de la gauche, devront se faire avec autant de force, pendant la durée de l'échange, que si toute la mélodie était rendue par un autre instrument. La Pédale se prendra de sa façon dans chaque mesure, attendu qu'à la 2° octave basse (ex: 5°° mesure de la mélodie) elle revient de nouveau (après l'échange le plus rapide).

Animato e sempre appassionato.

256

Ex: 32.
(LUCREZIA)

La mélodie s'exécutera ici de la main droite avec le 2ᵉ doigt, bien marqués, et renforcés à la basse, dans l'octave. La Pédale en soutiendra l'effet. Les traits supérieurs exigent une main très agile.

257

Ex: 33.
(SONNAMBULA)

Ici, deux mélodies toutes différentes s'unissent l'une à l'autre, et toutes doivent se faire particulièrement pendant le trille supérieur, tandis que l'accompagnement de la basse, résonne un peu moins marqué. Le tout, avec Pédale, laquelle se reprendra de nouveau à chaque mesure.

258

Allegro.

Ex: 34.
(ROBERT)

La réunion semblable de deux mélodies toutes différentes. Les accords brisés de la main gauche devront, avec le secours de la Pédale, vibrer aussi harmonieusement que si deux mains les exécutaient. La mélodie de ces mêmes accords ressortira un peu plus forte que la main droite, qui se développera avec délicatesse et légèreté.

(a) Plusieurs de ces compositions manquent de numéro d'œuvre, nous avons désigné celle-ci par son titre: Fantaisie sur Lucrezia Borgia.

159

La main gauche, écrite sur deux portées se fait de la manière suivante aux 3.me et 4.me mesure.

La mélodie écrite sur les deux lignes du milieu devra se faire bien exactement. Les sixtes de la main droite s'exécuteront très légèrement, et avec le plus petit *délié* possible. On doit les jouer rapidement, et l'ensemble prendra seulement dans l'effet convenable, si l'on n'y découvre pas, comme dans toutes les difficultés semblables, la moindre fatigue.

260

La mélodie [music] doit être bien frappée et bien accentuée par les deux mains, pendant que les doubles et triples croches se feront le plus rapidement et le plus également possible. Le tout se jouera dans un tems très vif. La Pédale se reprendra de nouveau à chaque demi mesure.

La mélodie demande beaucoup d'expression et un peu plus de vigueur que l'accompagnement. Le tout lié mettre et ôter la Pédale avec précision afin de remplir la note inférieure de la basse fondamentale. Les écarts (ou sauts) aussi rapidement que possible après la première percussion.

262

Quoique ce passage avec les notes coulées contienne des effets extraordinaires connus, l'exécutant devra néanmoins savoir comment il lui faudra l'étudier. Dans les triolets les deux doigts se tiendront hauts et obliquement élevés, de telle manière que la surface polie de l'ongle glisse au-dessous ou au-dessus des touches. Aux Sixtes, le pouce peut aussi en descendant se tenir obliquement; mais le 5.me doigt devra produire ce coulé avec la partie charnue, ou se maintiendra une tension suffisante. Dans l'ascension, au contraire, le 3.me ou 4.me doigt, seront tellement courbés que la surface convexe de l'ongle et le pouce puissent aller de compagnie avec la surface molle de la peau. Attendu qu'on ne s'exercera pas sur ce passage très lentement, il sera pour le mieux, si on l'étudie d'abord la main gauche toute entière avant la droite, de le faire dans un rapide mouvement semblable, et après cela d'y ajouter les passages de la main droite avec la plus grande légèreté possible, de telle sorte que sans vide ni retard la note finale arrive a chaque trait en tems juste; car l'égalité de ce Trait dépend uniquement du mouvement égal de la main. Ce passage est néanmoins extrêmement difficile, et l'agilité la fermeté d'exécution les plus supérieures, les plus parfaites, peuvent seule en rendre l'effet artistique. Du reste, *Beethoven* et *Hummel* ont plusieurs fois employé ces coulés en octaves.

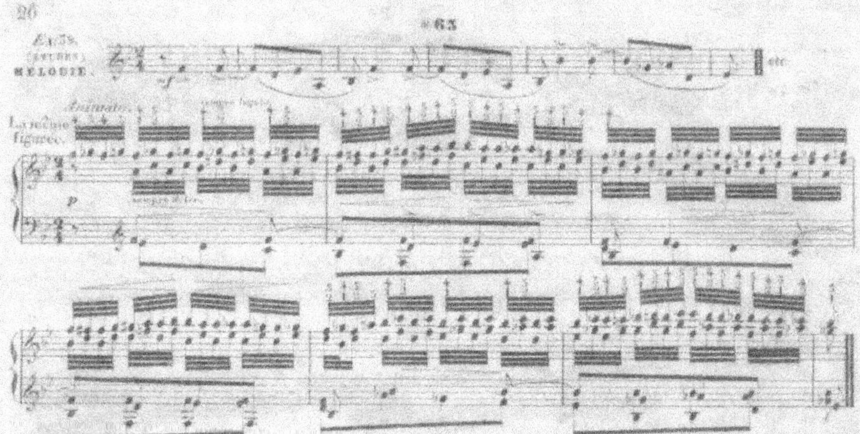

Dans cet exemple, les deux mains doivent en quelque [façon] par le plus [grand] [soin] tenu des notes se partager en quatre parties indépendantes l'une de l'autre. Le chant intérieur de la main droite dans le genre lié est de rigueur, pendant que le chant supérieur se fait avec une autre mélodie figurée, aussi *legato* (lié) mais avec plus d'expression. A la main gauche, la mélodie principale est d'autant plus difficile à faire ressortir, qu'il faut qu'elle marche également calme, entre la partie accompagnante sur laquelle elle doit exactement se dessiner, pendant que le tout se fera dans un mouvement rapide, extrêmement deux délicat et tendre.

L'on voit quelle force l'exécutant devra donner à chaque doigt par un exercice assidu pour obtenir autant que possible chaque sorte de passages *Bravoure* sans la moindre peine ni fatigue.

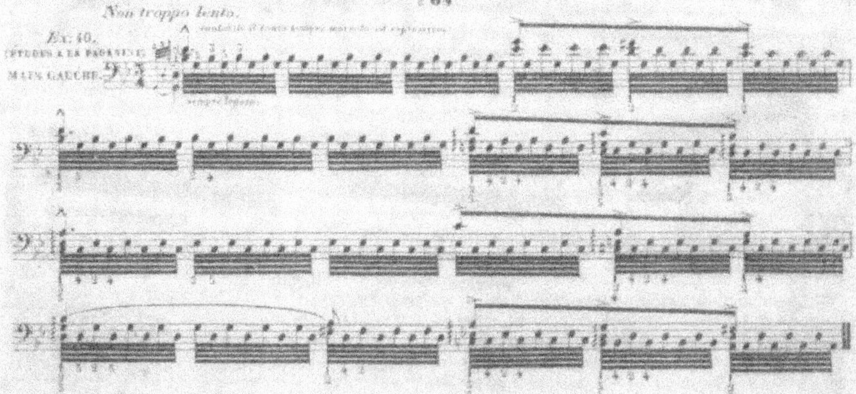

Dans cette étude et autres semblables, les doigts devront avoir une indépendance pareille à celle dont nous avons parlé au paragraphe qui précède. La phrase agitée devra se rendre avec une grande rapidité pendant que le chant sera bien accentué par le pouce, et *legato* (lié). Le signe vertical (∧) indique un plus haut degré de force que l'horizontal >. Et généralement tous les signes d'exécution, dont se sert *Liszt* sont à bien prendre en considération, par les personnes, qui n'ont point eu occasion de l'entendre lui-même, attendu que ces signes sont de la plus exacte précision, et une sorte de point d'appui inappréciable. Il en est de même à l'égard des mots (souvent très extraordinaires) Italiens et Français que l'on rencontre fréquemment dans ses compositions.

Nous voyons ici, que même dans le mouvement le plus rapide, on peut employer un doigté extraordinaire, tout à fait irrégulier en apparence qui ne peut être que le fruit d'une culture parfaite, technique, sans laquelle on n'obtiendrait que de la dureté et de l'incertitude.

Nous trouvons à remarquer dans les compositions de *Liszt*, que dans les traits chromatiques et autres de la basse inférieure, il emploie toujours la Pédale, et par ce moyen produit une sorte de son, qui comme un épais nuage, n'est calculée, basée que sur l'effet général. Cet effet est ménagé, brille à l'endroit convenable et n'est nullement anti artistique. *Beethoven* aussi en a fait quelquefois un usage semblable, et la nouvelle École, l'emploie aussi fréquemment.

N°66

L'exécution des composition de *Liszt*, consiste donc dans la réunion et la variété de la plus grande vélocité possible, avec la plus noble énergie, la plus délicate expression jointe à l'esprit le plus étincelant, dans la plus molle douceur et la plus entraînante bravoure. Et lorsqu'il est arrivé de nos jours que d'autres artistes, virtuoses ont voulu reproduire ces mêmes qualités diverses ce fut toujours pour eux un point capital de rendre leurs difficultés techniques dans le degré nécessaire. Ils s'efforçaient pleins de fatigue, et avec une dureté révoltante, d'arracher de l'instrument ces effets extraordinaires. Ce qui ne se peut qu'au moyen de la légèreté d'exécution la plus parfaite. L'emploi très fréquent de chaque sorte en *Tempo rubato*, est dans son jeu si bien calculée, qu'il demeure toujours un excellent déclamateur pour tout auditoire intelligent, et exerce constamment sur toutes les classes du public, la plus haute et la plus grande influence. Ceci provient naturellement de la parfaite direction du mécanisme jointe au développement du sentiment musical, fruit de l'exacte connaissance des œuvres de tous les grands maîtres des diverses époques passées et présentes. Pour cette raison, *Liszt* est aussi puissant dans l'exécution de toutes les autres œuvres de musique, et à un même degré que dans les siennes, et c'est par ce seul chemin, qu'il a suivi dés son enfance, que l'on peut arriver à ce point de perfection inouïe.

N°67

Quelques Pianistes encore, se distinguent par leur *Virtuosité* comme par leurs œuvres. Ce sont *Pirkhert, Kullak, Mayer, Dreyschock, Prudent*, etc. etc. Mais leurs compositions reposent pour la plupart, sur les mêmes effets, que nous avons essayé de décrire. Aucun autre exemple n'est donc nécessaire, et l'artiste intelligent comprendra tout ce que nous avons déjà dit ultérieurement et beaucoup plus longuement à cet égard.

§ 68

Nous croyons maintenant devoir ajouter que le mécanisme actuel du Piano, consiste dans un jeu du plus haut degré de bravoure spirituelle, dans une expression très achevée, très subtile, et surtout par les effets de l'emploi des Pédales. Il nous reste seulement encore à observer que l'on ne peut atteindre à toutes les qualités diverses que par une sorte de gradation. Et qu'ainsi, l'on doit suivre l'ordre très rigoureux dans l'étude de cette espèce d'ouvrage. Car cette nouvelle école s'appuie comme tout progrès et changement de goût, sur le résultat et l'expérience des écoles précédentes, et celui-là seulement peut aspirer à y priser une perfection d'autant plus grande et véritable qu'il aura déjà conquis par l'étude antérieure des anciens bons maîtres (*Cramer, Dussech, Hummel, Moscheles, Kalbrenner, Herz,* etc.) une solide connaissance mécanique du *Piano forte* et une dextérité de doigts irréprochable. Sans cette condition après un an de fatigue et de temps perdu, on se trouverait encore non moins inhabile. L'artiste qui découvre cette nouvelle manière doit avoir fait déjà et doit faire encore le même chemin, et l'on ne doit pas oublier que le plus nouveau morceau de musique ne produit véritablement un bon effet que lorsqu'il est exécuté avec une perfection complète. La médiocrité n'y serait que rebutante et ridicule.

§ 69

La direction que le mécanisme du *Forte piano* a prise dans le nouvel art que nous avons précédemment décrit est du reste une conséquence, en quelque sorte naturelle, des améliorations de l'instrument, d'une augmentation d'expérience dans la prestesse du doigté, d'un perpétuel changement de goût, et finalement des grands avantages que le monde a retirés de chaque grand *Virtuose* et Compositeur. Il est tout simple que chaque artiste s'efforce de surpasser ce que ces avantages assurent à la plupart, et outre cela, se plaigne que beaucoup d'exagération et beaucoup d'abus ont eu lieu, étaient inutiles, et par conséquent d'ajouter que le tems lui même se charge d'en faire la plus rigoureuse justice, garde pour eux ce qui est bon, et laisse tomber le superflu.

Il est pourtant de notre devoir, d'appeler l'attention sur les écarts où peut conduire cette direction.

§ 70

Le premier est l'abus dans l'emploi des Pédales. Beaucoup de pianistes s'y sont habitués tellement que le doigté pur et classique est presque entièrement négligé. Qu'un grand nombre seraient à peine en état d'exécuter convenablement *Legato* un simple morceau de musique à quatre parties, sans *Pédales*. Que leurs doigts comme leur oreille, se reposent constamment sur le seul effet produit par la Pédale et en conséquence, que leur pied joue en cette occasion un bien plus grand rôle que leur main. C'est pourquoi, tel et tel *Pianiste* qui a déjà toutes ces subtilités mécaniques à ses ordres, est tout à fait incapable de rendre dignement une simple sonate de *Mozart* ou *Clementi,* ou une fugue de *Sebastien Bach.*

§ 71

Le second défaut, est que l'on oublie presque entièrement le juste degré du mouvement; ou le *Tempo rubato* (c'est-à-dire la retenue, ou l'amélioration arbitraire de la mesure) est employé aujourd'hui fréquemment jusqu'au grotesque. C'est ce que nous avons pu voir nous mêmes récemment, par exemple, lors de l'exécution d'un concerto de *Hummel.* D'abord dans le premier morceau, (qui cependant est sur un seul mouvement) La première partie fût jouée *Allegro.* La mélodie du milieu *Andante.* Après cela, le passage qui suit *Presto* et chaque trait allongé de nouveau indéfiniment, etc., etc. Tandis que *Hummel* lui même, jouait sa composition dans un mouvement de mesure tellement fixe, que l'on pourrait presque toujours y laisser survenir le *Métronome.*

De cette manière toute œuvre importante devient méconnaissable, et quoique notre époque exige sans doute un très haut degré d'expression et puisse se tromper, il faut pourtant mettre quelque différence entre une fantaisie et une œuvre d'art déterminée, que cette dernière soit ou non sans accompagnement.

§ 72

Le troisième défaut est enfin, que beaucoup de Pianistes, entraînés par le charme de l'exécution moderne, méprisent et négligent l'étude des anciennes œuvres musicales. Cette musique, déjà reconnue par le temps, pour classique (*) Le sentiment de l'ouïe, est chez certains jeunes artistes tellement altéré, qu'ils ne peuvent plus absolument apprécier la bonne, grande et véritable musique, et rejetent pour ainsi dire la graine pour l'écorce. Nul homme d'esprit et de jugement dans sa prédilection pour les anciens ne dédaignera les modernes. Mais le contraire est non moins blâmable, et les jeunes artistes doivent bien se convaincre qu'une juste et intelligente reproduction d'une œuvre ancienne est aussi honorable et efficace que la *Bravoure* moderne, qui du reste, convenablement employée, est digne de toute attention.

(*) Le mot *Classique,* dans sa véritable signification ne peut concerner que ces compositions qui (après la mort de leur auteur) ont assez pour longtemps leur durée dans l'avenir.

      C. de Coussemaker, Traducteur.

CHAPITRE II.

SUR L'EXÉCUTION CORRECTE.

De la collection des principales œuvres pour Piano seul composées par BEETHOVEN *

§1

Beethoven débuta dans la carrière par des compositions pour Piano, dont la première œuvre importante parut en 1795 ___ (3 Trios, Op. 1)

Ses ouvrages de Piano dépassent tout ce qui fut jamais écrit pour cet instrument, et n'ont point été égalés depuis; leur collection complète forme un véritable trésor d'œuvres immortelles d'art, créées pour toucher, émouvoir, exciter, l'admiration de tous les Temps, de tous les âges, pour sympathiser avec tous les sentiments de l'âme, pour faire vibrer les plus secrètes fibres de l'humanité ___ Ceci soit dit sans faire mention de ses autres compositions pour Orchestre, chant et divers instruments, et en se bornant simplement à la partie de ses œuvres écrites pour Piano seul.

§2

Mais ce n'est qu'en les étudiant, et en les approfondissant très complètement et sous toutes leurs faces que l'on peut parvenir à se pénétrer de l'esprit qui doit présider à leur exécution, et à triompher des difficultés mécaniques assez grandes qui s'y trouvent. Il faut donc une étude approfondie de ces compositions essentiellement originales et empreintes de cette liberté géniale qui appartient aux ouvrages de *Beethoven*.

Il ne suffit pas ici, que le Pianiste sente lui même les beautés d'un morceau de musique ___ il doit encore les transmettre par ses doigts, et les faire partager à l'auditeur ___ C'est pourquoi certains admirateurs de *Beethoven*, sont fort étonnés et affligés, lorsque ses œuvres ne sont pas toujours exécutées avec cette même intelligence ___ On crie alors à la perte du bon goût et autres choses semblables ___

§3

Nous donnons donc ici d'abord une liste de toutes les compositions pour Piano de *Beethoven* ___ autant qu'elle est nécessaire à notre dessein.

		nombre de chaque œuvre.
1.	Nombre des grandes Sonates pour Piano seul	25
2.	Sonates pour Piano et Violon	10
3.	Sonates pour Piano et Violoncelle	6
	(dont une pour Piano et Cor)	
4.	Trios pour Piano, Violon et Violoncelle	7
	(dont un pour Piano, Clarinette et Violoncelle)	
5.	Quintette pour Piano et 4 Instruments à vent	1
	(aussi comme Quartette pour Piano et 3 Instrument à cordes)	
6.	Concertos pour Piano et Orchestre	7
	(dont un pour Piano, Violon et Violoncelle, concertant et un original pour le Violon	
	arrangé par Beethoven même pour Piano)	
7.	Fantaisie pour Piano, Orchestre et Chœur	1
8.	Fantaisie pour Piano seul	1
9.	Rondos pour Piano seul	6
	(dont un sous le titre de ___ Andante Favori et l'autre de ___ Polonaise)	
10.	Bagatelles (Petits morceaux de musique)	2
11.	Variations sur un Thème Original Piano solo	5
12.	Variations sur un Thème étranger pour Piano seul	13
13.	Variations sur un Thème étranger pour Piano avec accompagnement de Violon ou Violoncelle	6
14.	Petites Sonates et Sonatines dont une à 4 mains	7
15.	Un grand nombre de Chants et de Mélodies avec accompagnement de Piano	
	(réduits aussi pour les Pianistes remarquables)	

Une quantité considérable de Variations sur des Thèmes étrangers d'un style léger de *Préludes Menuettos* et autres airs de danses pour des Pianistes d'une moindre importance ___

Ce sont donc 29 Grandes Sonates Solo ___ 24 avec accompagnement ___ 7 Concertos et une fantaisie avec Orchestre ___ 34 etc.

* L'auteur de ce livre d'enseignement a été souvent et nombre de fois invité à discourir sur l'exécution des œuvres de Piano de Beethoven ___ Comme il a entrepris ici de remplir ce vœu, il se déterminera par quelques-unes de ses premières paroles (Vers l'année 1804) comme d'étude de Beethoven pour le Piano, et sauf les ouvrages de même genre écrits par lui, et beaucoup subséquemment sous la direction d'autres maîtres, avec la plus grande prédilection, et plus tard avec zèle; jusqu'au dernier jour de Beethoven, de sa société aimable et instructive.

24

Les œuvres de *Beethoven*, même les moindres Bagatelles, sont écrites pour les Pianistes intelligents et bien exercés, c'est-à-dire, pour ceux qui, comme l'exige l'agilité mécanique et l'habitude d'une bonne exécution se sont déjà pleinement familiarisés avec beaucoup d'autres excellents ouvrages de musique._ Celui qui voudrait tout d'abord exécuter clairement et supérieurement les compositions de *Beethoven*, n'y réussirait pas _ car *Beethoven*, dans les derniers temps, eût peu d'égard à la facilité de l'exécution, à la régularité du doigté ni à d'autres détails semblables._

De plus, ses ouvrages conviennent peu, raisonnablement, à la première jeunesse._ Ils demandent non seulement de l'esprit, mais encore une certaine force physique. Rien n'est moins dans la nature de ces grandes compositions, que de voir de petits enfants, et on les prend pour des prodiges) se tourmenter et martyriser pour les exécuter._ Personne ne souhaitera qu'un marmot déclame *Shakespeare*._ Nous pensons donc à cet égard, que ceux qui veulent étudier les œuvres de *Beethoven* doivent posséder les talents de cet âge mûr, où le jugement et le sentiment sont pleinement développés, et où l'on a déjà acquis chaque degré d'exécution par une bonne École _ et par l'Étude approfondie des meilleures productions du *Clementi_ Mozart_ Dussek_ Cramer_ Hummel_* et même des modernes compositeurs._

25

Le *Caractère* universel de ses œuvres est d'abord _ Grand_ Vigoureux_ Noble, élevé, Sublime, Expressif_ souvent jovial et impétueux_ quelquefois bizarre_ mais toujours spirituel _ et quand de temps à autre, il est sombre, jamais il ne devient douceureusement élégant, ou encore moins sentimental.

Dans chacune de ses œuvres, perce une certaine couleur prudente, conséquente, réfléchie en apparence, qui brille aussi jusque dans ses plus petites inspirations._ La Mélodie, la pensée musicale prédominent partout._ Les passages et traits expressifs sont toujours employés comme à propos et jamais par caboche; si parfois l'on rencontre (particulièrement dans ses premiers ouvrages) des Phrases dont la brillante exécution offre quelques irrégularités, on ne doit jamais s'interdire une chose capitale. Celui qui voudrait rendre seulement sa grande prestesse de doigts, manquerait totalement d'esprit de goût, et prouverait ainsi, qu'il ne comprend pas ces ouvrages._

26

En définitive on entend par *Beethoven*, une grande assurance et force dans l'exécution des traits, soit rapides, passages compliqués_ On trouvera ceci, sans nul doute, et très fréquemment dans ses ouvrages à bon droit si renommés; et *Beethoven* sera toujours mis au nombre des compositeurs les plus difficiles.

27

Nous avons déjà expliqué dans la première partie de cette École, que chaque compositeur important possédait une manière d'exécution toute particulière_ *Beethoven* surtout, et peut-être plus qu'aucun autre. Ses compositions doivent se jouer autrement que celles de *Mozart, Clementi, Hummel*, etc. En quoi cette différence consiste-t-elle? c'est ce qu'il n'est pas facile d'exprimer avec des notes.

On acquiert une juste idée du génie d'un compositeur remarquable par l'étude approfondie de tous ses ouvrages_ *Beethoven*, même dans sa jeunesse était un des plus grands *Pianistes* de son temps_ et dans l'exécution de ses morceaux, dans l'Adagio la Fugue, et surtout dans ses improvisations, tellement extraordinaire, que ses ingénieuses et savantes difficultés excitaient alors autant d'étonnement, que de nos jours celles des *Liszt_ Thalberg* etc._ Il dépendait toujours en cela, de ses changeantes fantaisies_ et quand il le fallait, il rendait à son jeu toute la correction possible, à tel point que, relativement à toute autre netteté et clarté des difficultés actuelles, il ne doit pas nous servir toujours de Modèle.

28

Avant que nous examinions une seule des compositions de *Beethoven*, il est utile que nous établissions une règle générale. Dans l'exécution de ses œuvres, et surtout dans tous les auteurs Classiques_ Le Pianiste ne doit jamais se permettre aucune addition ni aucune abréviation._

De même, dans les morceaux de Clavier qui ont été écrits, autrefois pour des Instruments à 5 octaves, l'épreuve, au moyen de l'addition de la 6e octave, en est désagréable, comme aussi tous ces ornements qui nous paraissent encore de si bon goût, *Mordents_ Trilles* etc. qui n'étant pas indiqués par l'auteur même, sont avec raison superflus.

On entendra alors l'œuvre dans sa forme originale comme la composa et l'écrivit primitivement le maître._

29

Il est bon, quand on étudie les *Sonates solo* de *Beethoven*, de le faire dans la même disposition où elles parurent à leur époque, environ de 1795_ à 1826_ et successivement par ordre de date _ De cette manière, on suit le développement, les progrès de son génie._ L'on apprend à connaître et à distinguer entièrement les trois périodes musicales de ses ouvrages. Il demeure jusqu'à sa 28e œuvre (en 1803, en style de *Mozart_ Haydn*, dans une certaine progression après cela, jusqu'à près son 90e ouvrage de 1803, à 1815) se déploye toute son individualité; enfin (jusqu'à sa mort en 1827) son génie prend encore une nouvelle direction, un nouvel essor, qui ne sont pas moins prodigieux, moins extraordinaires que les deux précédents.

Le *Caractère* de ce premier Morceau est sévère et passionné, Vigoureux et résolu.— Libre de tous ces ornements de Piano, qui alors troublaient déjà les idées de chaque virtuose. Le mouvement est vif.— Sans cependant être aussi rapide que celui de Bravoure.

Nous présupposons que chaque *Pianiste* possède l'indispensable *Métronome de Maelzel* (des meilleurs et battant fortement la mesure) et, d'après notre déclaration dans la 3.e Partie de cette Méthode, nous croyons rendre aux Pianistes un important service en leur recommandant partout l'exacte division de mesure des mouvements que *Berthoven*, indiqua lui même pour l'exécution de ses œuvres (Nous avons employé ici le métronome de Vienne)

De la 4.e mesure de ce morceau commence un petit *Ritardando* et un *Crescendo* qui se soutient jusqu'au point d'orgue Les mesures 41 jusqu'à la 44.e de la première partie doivent s'exécuter pareillement avec un *Ritardando* croissant.— et la 1.re de la deuxième moitié de la 45.e mesure, se joue dans le mouvement précisé.—

Les 22 mesures suivantes de la 20.e mesure de la deuxième partie se joueront avec une force et une énergie toujours croissantes, très liées.— La Basse bien marquée et bien expressive.—

D'un style plus calme, y succède maintenant cette phrase douce, expressive et toute mélodieuse lentement, mais non pas toutefois d'un mouvement Traînant.— on l'exécutera toujours *Cantabile*, presque *Adagio*.— Elle exige surtout un très beau toucher, bien lié, et de suivre exactement la mesure dans le passage suivant:

Les triples croches de la main droite se doit jouer très doux et tout à fait indépendante des *Sextolets* de la Basse.

Avec enjouement, très vif, de manière que l'*Allegretto* ne soit pas dans le mouvement paisible des mesures ordinaires.— Le *Trio doux et lié*.

Dans la 2.e partie de ce *Trio*.— nous conseillons depuis la mesure 9 jusqu'à 12 le doigté suivant.

Prestissimo. (♩ = 106)

1er MORCEAU.

Il devient orageux, presque dramatique, et comme la description d'une sombre catastrophe. Dans la première partie en commençant par la 22e mesure, les deux mains marchent ensemble extrêmement lié. Depuis la 30e mesure jusqu'à la 39e Crescendo, et la main droite très Cantabile.

Les 50e premières mesures de la 2e partie avec une expression douce, calme, mais non traînante. De la 51e mesure, avec la primitive rapidité.

SONATE N°3. (Op. 2 N°3.)   41

Allegro vivace. (♩ = 152)

1er MORCEAU

Spirituellement Vif, fortement déterminé et le trait plus tranquille avec beaucoup de goût. Le passage en Octaves est si difficile (mesure 84 etc.) que nous conseillons aux petites mains de l'exécuter de la manière suivante.

Dans la 2e partie, ce trait se fera de même ainsi à chaque main.

Au moyen de cette distribution, ce passage sera beaucoup plus facile et assuré (sans que la composition en soit le moins du monde altérée). Dans la 11e mesure de la 2e partie on saisira la Pédale durant le trait de la main gauche aussi longtemps que l'harmonie ne change pas.

Largo appassionato (♩ = 80)

2e MORCEAU.

Le caractère religieux de ce morceaux doit ressortir par le genre lié des accords et une progression mesurée de l'harmonie... Pendant le chant de la partie inférieure. Détaché le plus possible, mais doux et suave.
La totalité, d'un mouvement régulier... La fin cependant ritardando.

Dans le trait suivant   chaque partie chantante

doit se bien détacher l'une de l'autre ... et le Sol ♯ de la main droite se fera avec une petite augmentation de force.

Ce morceau est déjà un de ces gais *Scherzos* que l'on exécute très *Vivace*, et même bien *Allegro* ... Le Trio (LA mi_
neur) se jouera avec sentiment, mais toutefois avec la même vivacité.

Ce Rondo que l'on exécutera Allegro mesuré, exige une expression forte, bien sentie, et beaucoup de légèreté dans les
passages rapides. L'accompagnement de la main gauche (à la 27.ᵉ mesure) sera tellement marqué, que les notes infé_
rieures forment une sorte de Chant réciproque avec la Mélodie supérieure.

La phrase du milieu (en LA mineur) doit se jouer très énergique, et dans les deux mains la plus *Déliée* possible, jusqu'à l'endroit où elle revient *Pianissimo* et très *Lié*.

Le trait de la phrase finale se jouera de la manière suivante:

non pas toutefois de s'espacer de la main gauche comme on pourrait le croire d'après la portée ... Les 8 dernières
mesures de la conclusion toujours de plus en plus *Piano*, et aussi quelque peu *Ritardando*.

§12

Cette spirituelle Sonate contient beaucoup de ce qui constitue le jeu brillant et la bravoure des Pianistes. La pre_
mière phrase doit s'exécuter avec feu et énergie.

Les traits mélodiques des 27ᵉ et 43ᵉ mesures, se feront avec beaucoup d'expression et de sentiment, ce qui s'obtient plûtot par la précision que par des *Rallentissements*.

Dans le passage de la 2ᵉ partie qui commence avec la 7ᵉ mesure, il faut que le pouce de la main droite marque avec plus de force que tout l'ensemble.

A la modulation en *Lab* (à la fin, avant la *Cadence*) on prendra la Pédale Céleste. Cette *Cadence* se jouera *Presto*, de même que le trait chromatique qui après le Trille conduit en descendant au Thème.

Dans cet *Adagio* se développe déjà la direction Romantique déployée plus tard par *Beethoven* dans ces compositions instrumentale. Sa musique s'élève jusqu'à la Poésie et à la peinture. Cette comparaison n'est pas un terme seul de sentiment, ce que l'on entend ou le voit peint, on entend la narration des événements.

Cette œuvre demande une belle exécution libre. Tous les effets et nuances s'obtiennent parfaitement en restant dans les limites indiquées par l'auteur.

Le commencement de cet *Adagio* doit se jouer avec beaucoup d'expression, et régulièrement dans le mouvement, afin que l'auditeur puisse comprendre autrement que par des pauses la phrase Mélodique. Dans le *Mineur* qui suit, la mélodie se fera de la main gauche et par conséquent aussi *Lié* que possible.

Dans les notes de Basse qui précédent les traits, on peut chaque fois prendre en un clin d'œil la Pédale. La main droite accompagne très *Lié* avec une légère pression sur les notes supérieures.

Le trait suivant se jouera *Crescendo* jusqu'au *Forte*. Le *Staccato* détaché léger et bref. Dans le Trio même mouvement. La main droite légère et très agile mais *Legato* (*Lié*) La main gauche avec force, et les Blanches toujours en augmentant quand elles vont en montant, et en diminuant quand elles vont en descendant.

D'un mouvement rapide et gai. Le fragment du milieu (en Fa majeur)

est *Legatissimo* et *Cantabile*. La Mélodie supérieure bien ressortante. Ainsi de même plus loin, pour la main gauche. Dans le trait suivant.

Les *sf* doivent se succéder avec rigueur et énergie, une expression pure et très animée.

845

SONATE N° 4. (Op: 7) (publiée en 1798)

Allegro molto con brio. ($\bullet$ = 116)

Cette *Sonate* écrite dans une disposition très passionée, doit aussi s'exécuter d'une manière particulière; le 1er fragment avec feu, de sorte que l'effet en soit très brillant —— Les croches bien *Liées*, et dans un mouvement très rigoureux de façon qu'elles soient très distinctes dans un *Crescendo* et un *diminuendo*.

Les Passages en doubles croches avec beaucoup de hardiesse et une grande facilité.

Le Caractère sublime et profond de ce *Largo* doit se faire par tous les moyens d'une exécution complète. Le *Thème* se jouera rigoureusement dans le mouvement, sans quoi, plusieurs des Pauses deviendraient inintelligibles pour l'auditeur. (*)

Le fragment du milieu (en si♭ majeur) doit s'exécuter énergiquement *Cantabile*, à la main droite, et à la main gauche, d'un style détaché et doux quoique bien accentué.

Les 4 dernières mesures finales, toujours dans le même mouvement

Tendre, gai et vif. Le *Trio* harmonieux et bien *Lié*. La 1re note de la 3e mesure, très forte, et avec la Pédale, qui alors peut subsister pendant 2 mesures. Et ainsi de même pour tous les passages semblables.

(*) On peut admettre deux sortes d'exécutions. L'une pour l'exécutant même quand il est seul et ne joue que pour sa propre satisfaction. L'autre pour l'auditeur; et surtout plus tôt qui se le voudroit point émouvoir. Cette deuxième sorte d'exécution doit être la plus importante, et nul doute qu'on ne fasse entre les deux une grande différence.

On jouera le Thème avec toute l'expression possible, sans retardé, excepté à la dernière mesure avant le point d'orgue.

L'impétueuse phrase intermédiaire (en Ut mineur) renferme un passage pour la main droite qui ne peut se rendre convenablement qu'avec le doigté suivant:

On trouvera après un seul exercice, que ce passage avec ce doigté, devra se jouer aussi Lent et que de cette manière seulement on peut faire ressortir le sf de la note supérieure. Du reste, toutes les notes de la partie intermédiaire (jusqu'au retour du Thème) peuvent s'exécuter un peu plus vite.

Dans le trait suivant:

La Basse qui dans les 5.e premières mesures, forme comme une sorte de chant dialogué, doit se rendre très lourdement et Legatissimo. On prendra bien exactement la Pédale avec les premiers des dernières mesures, et on la maintiendra pendant les 2 ½ mesures. De même, le signe du changement (una corda) est applicable à cette modulation extrêmement surprenante. La fin du Rondo très légère, toujours douce et piano en s'évanouissant; les 4 dernières mesures avec Pédale.

SONATE N.o 6.(Op: 10 N.o 1) Ces 3 sonates parurent en 1798.
Allegro molto e con brio (♩=72)

1.er FRAGMENT.

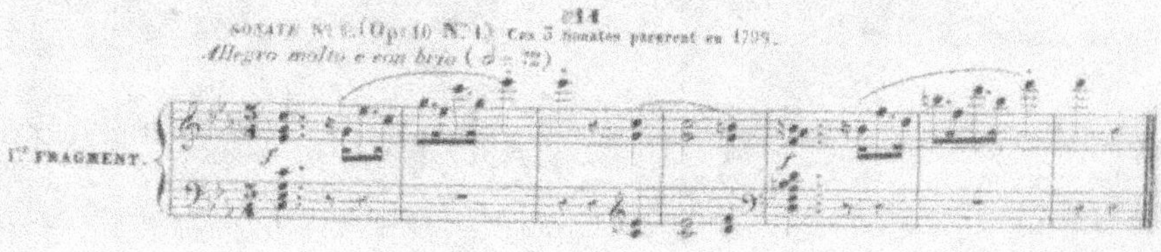

D'un mouvement rapide et fougueux avec une expression mélancolique et sombre. Le trait paisibly (de la 32.e me_
sure) bien *Lié*, très chantant dans les quatre parties, de manière que la contre Mélodie de la Basse ressorte entière_
ment — Le Caractère de l'ensemble résolu et mâle.

Avec la plus vive et la plus intime expression qu'on puisse donner à l'instrument, dans le style *Lié*. Les petites no_
tes (à la 17.e mesure) se font très rapidement et fort. L'ornement de la 15.e mesure très légèrement, avec délicatesse, sans
interruption. Les 22 dernières mesures avec la Pédale (una corda)   Les notes syncopées un peu marquées. A la fin
avec une légère impulsion des deux Pédales.

Le tout réclame l'expression la plus sentie et la plus délicate.

Ce final est *écrit* entièrement dans le genre fantastique, si particulier à *Beethoven*. Le caractère peut se reconnaître
surtout, dans la partie intermédiaire (de la 17.e mesure) par un caprieux *Ritardando* de différentes notes, bien qu'on
doit laisser subsisté dans la totalité le très rapide mouvement.

Le Caractère de cette musique demande une exécution fougueuse, animée, et la plus fantastique qu'on puisse obte_
nir par la plus impérieuse domination de toutes les difficultés d'agilités et de mécanismes. Dans le cas contraire,
elle deviendrait une inintelligible et ridicule caricature.

215

SONATE N.º 6. (Op: 10 N. 2.)

Le Caractère de cette Sonate est pur et simple. L'exécution doit en être naturelle, joyeuse et vive. La Fin de la
première comme de la 2.e partie, folâtre et joviale.

Ce *Scherzo* doit au contraire se jouer sérieusement, et modérément vite. La partie intermédiaire (en Ré mineur)
un peu plus tranquille, et très doux.

Ce fragment produit un mouvement rapide d'un brillant effet, quand on fait ressortir chaque fois bien distinctement le *Thème*. Le *Crescendo* doit s'augmenté jusqu'à la 14ᵉ mesure. Les 8 mesures suivantes très vigoureuses. Les 10 dernières mesures, d'éricement pénibles, les croches de la main gauche doivent se faire très distinctement *Détachées*. Les 54 premières mesures de la 2ᵉ partie très fort. Le *Staccato* suivant en SI majeur, doux, mais *Crescendo* jusqu'au Thème varié, où alors continue le *ff* pendant 38 mesures.

Cette Sonate est grande et importante. Le mouvement du premier morceau, fougueux et plein de feu.

Les 4ᵉ premières notes du Thème se reproduiront dans tout le morceau de Musique et devront nécessairement ressortir de toutes manières.

Il est bon d'observer que dans le passage suivant:

La petite note est de longue durée, et doit se jouer comme une croche 

Le Caractère de l'ensemble est déterminé, vigoureux et d'une exécution brillante.

Cet *Adagio* appartient au grandiose et aussi très mélancolique génie de *Beethoven*.— Il doit se jouer avec un sentiment expressif et bien marqué.

Pour bien rendre cette musique, il ne suffit pas de se mettre bien à la même disposition d'esprit et de caractère.

Le doigt et la main devront aussi parcourir le Clavier avec plus de pesanteur, que ne l'exige une composition, plus gaie, plus tendre, ou plus expressive. Pour rendre cette sorte de musique significative que doit animer plus tard le mouvement d'un sévère *Adagio*. Dans ce *Largo* un *Ritardando* et un *Accelerando* bien réglés doivent aussi augmenter l'effet. C'est-à-dire qu'il faut jouer la seconde partie des 32 mesures un peu plus vite. De même pour la seconde partie de la 27ᵉ et la totalité de la 28ᵉ mesure. Également de la 70ᵉ mesure à la 75ᵉ augmentation de vitesse et de force, jusqu'à ce que l'on revienne dans la 76ᵉ mesure au mouvement primitif.

3ᵉ FRAGMENT.
Menuetto.

Vif, mais avec sentiment: le chant accompagnateur bien développé — Le Trio, joyeux et léger.

4ᵉ FRAGMENT.
Rondo.

Très fantastique, et spirituel comme le *Finale* de la 5ᵉ Sonate, mais plus gai, et plus capricieux. Dans les 8 dernières mesures, on fera bien ressortir le Thème à la Basse.

SONATE N° 8. (*Sonate pathétique.*) № 17 (Op: 13) (publiée en 1799)

1ᵉʳ FRAGMENT.

L'introduction s'exécutera dans un mouvement tellement lent et pathétique, que l'on puisse compter les doubles croches du Métronome. Les accords tout entier très pesants et de la 5ᵉ jusqu'à la 8ᵉ mesure, l'accompagnement de la main gauche, très *Legato* (Lié.) Le trait chromatique finale très rapide et très léger, jusqu'au point d'orgue.

L'*Allegro* suivant extrêmement impétueux et résolu, afin que de ce morceau surgisse un brillant caractère, en style de symphonie. La partie intermédiaire en *Mib* mineur légèrement *Détachée*, et avec une expression plaintive, mais non *ralentissante*, excepté dans les 3 dernières mesures, avant le commencement des croches. Dans ce mouvement, les Blanches supérieures et inférieures bien marquées et bien soutenues, après cela, très *Détachées* et *Crescendo*, aux 6 dernières mesures de la première partie, chaque mesure avec la Pédale.

A la 2ᵉ partie de l'*Allegro* le trait de la 51ᵉ mesure extrêmement léger, murmurant.

La phrase, contigue au Thème, très agile.

2ᵉ FRAGMENT.

On voit, par ce Doigté que l'accompagnement intermédiaire se jouera de la main droite sans réserve — et de rigueur. Le tout, *Lié* et la Mélodie bien claire.

La répétition du Thème en 4 parties très harmonieusement. *Liées* et un peu plus énergiques.

Au retour du Thème, dans la 2ᵉ partie, les *Triolets* très prononcés, comme suit.

Le tout ni traînant ni allongé. —

Allegro. (♩ = 96)

3.º FRAGMENT.
Rondo.

Très vif avec une expression plaintive, mais non turbulente. — La partie intermédiaire (en LA B bmol majeur) doux.
Lié et prononcée. La fin, avec feu. — Cette Sonate est plus facile à étudier que toutes les précédentes, et avait constamment pour cette raison obtenu la préférence.

#18
SONATE N.º 9. (Op. 14. N.º 1.) (publiée en 1799 à Vienne)
Allegro. (♩ = 132)

1.er FRAGMENT

Ce Fragment est d'un très pur, et très noble caractère. Il doit s'exécuter vivement, mais avec âme. Le chant intermédiaire de la 23.e mesure se jouera avec expression et non larmoyant, autrement il paraît un peu vide. La Mélodie ci-après de la 49.e mesure très délicate et harmonieuse.

Dans ce Fragment aussi, les idées se développent d'une manière pittoresque et poétique, et forment un tableau, à la vérité, petit, mais fort riche.

Allegretto. (♩ = 69)

2.º FRAGMENT.

Le Caractère de ce *morceau* Scherzo est une sorte de mélancolie chagrine, et il doit pour cela, s'exécuter sérieusement, mais vivement, toutefois sans aucune bizarrerie ni pétulance.

Le Trio (en UT majeur) au contraire, doux et calme et aussi d'une exécution mesurée.

Allegro comodo.

3.º FRAGMENT.
Rondo.

Très vif et très gai, mais avec une légère et certaine aisance. Le chant intermédiaire (en SOL majeur) très brillant et très vigoureux. — Les notes supérieures de la main droite bien marquées.

SONATE N° 10. (Op. 14 N° 2) N° 19

Morceau de musique des plus gracieux et des plus touchants. Exécution pleine de délicatesse et du sentiment le plus tendre, quoique vive. On jouera pareillement les 16 dernières mesures de la première partie très *Liées, Cantabile*, et la Basse, comme aussi le chant intermédiaire, avec une expression bien prononcée.

Les passages énergiques de la 2.me partie avec feu, et la Cadence finale comme à la première partie.

La mesure doit se jouer brièvement, on doit donc prendre le mouvement comme une sorte de vif *Allegretto*. Les notes *Liées* très brèves, et les notes soutenues, au contraire, avec énergie, vigueur, de même que dans les *Variations* sur des traits semblables. La dernière Variation modérément vive.

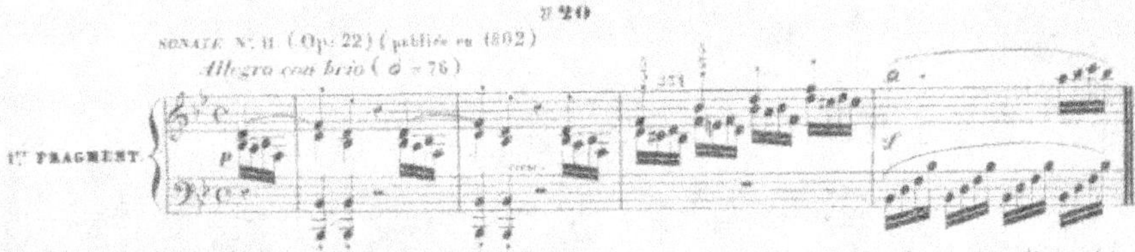

Très spirituel, fantastique et Folâtre.

N° 20

SONATE N° 11 (Op. 22) (publiée en 1802)

Exécution spirituelle, vigoureusement déterminée, quoique, agitée sans être brillante. Le chant intermédiaire (de la 29.e mesure) avec expression croissante, très *Lié* mais non en ralentissant. La conclusion, énergique. La deuxième partie de même, mais depuis la 37.e mesure un peu plus calme et la Basse très expressive, pendant que la main droite exécute en arpège *Lié* plusieurs mesures un peu en ralentissant avant l'entrée du Thème.

Toutes les octaves brisées doivent s'exécuter *Liées* et avec égalité. (voir l'exemple)

La Mélodie extrêmement *Cantabile*, et la Basse également *Lié*. Le mouvement déterminé, car l'expression ne se produit qu'en suivant bien exactement les observations. Dans la deuxième partie, le double chant alternatif bien clairement marqué, et *Lié* dans l'accompagnement.

Le Caractère de tout l'ensemble doux, pieux et tranquille.

Le mouvement de ce Menuet doit être un peu plus animé que le Menuet ordinaire mais non pas comme un *Scherzo* Le début tendre et agréable.

Doigté pour une phrase de la main droite.

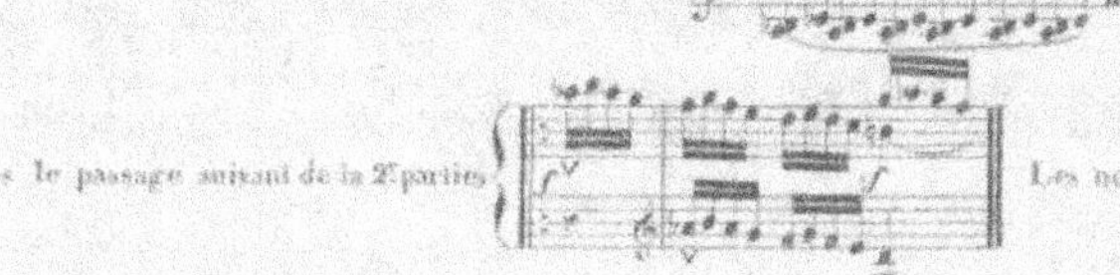

très accentuées. Plus loin, de même. Les Basses très distinctes, quoique rigoureusement *Lié*. On peut aussi exécuter le *Trio* un peu moins vite que le *Menuet*.

Son *Caractère* est comme le *Finale* de la 4.e *Sonate* (en Mi majeur Op: 7) seulement un peu plus animé. Mélodieux avec beaucoup de sentiment et de délicatesse. Tout le *Thème* très *Lié* et aux 12 et 13.e mesures, le *La* bémol avec énergie. Les passages (de la 32.e mesure) brillants et vifs. Les passages *Mineurs* après la reprise du Thème, très distincts et passionnés. La phrase finale de la main gauche, vive. Les 6 dernières mesures paisibles.

Dans l'exécution de ce Thème doit se relever toute la science du genre *Lié* harmonieux soutenu d'un beau toucher, et brillant par le caractère noble, et presque religieux du motif. On s'y abstiendra de *Ralentir* le mouvement.

La première *Variation* dans le même mouvement et avec une tranquillité semblable, quoique dans la 2.e partie avec force et un peu plus vite. Le *Crescendo* en montant et le *Diminuendo* en descendant, ou pour le *Crescendo*, dans l'élévation, et le *Diminuendo* dans la décroissance de la Mélodie, toutes les remarques doivent être rigoureusement observées.

La deuxième *Variation* un peu plus vite (environ ♩ = 92) Les deux mains très légères, mais égales entr'elles détaché; quand le Thème est à la Basse il faut le faire un peu plus ressortir. Dans les 8 dernières mesures, le *Crescendo* s'élèvera jusqu'au *Forte*, les 4.e dernières mesures s'exécuteront légèrement, *Lié*, et très doux.

La troisième *Variation*, dans le mouvement du Thème. La main droite bien *Tenue*, La gauche dégagée et le *Crescendo* comme le sf bien marqué.

La quatrième *Variation*, vive (comme la 2.ᵉ ♪ = 92) La jouer très délicatement, et la main gauche toujours le plus possible détachée.

La cinquième *Variation*, comme le mouvement du Thème, très *Liée*, et plus loin la Mélodie qui doit s'exécuter avec le pouce, reproduite et saillante comme nous l'avons fait remarquer dans le précédent Chapitre au commentaire des compositions modernes. Les 15 dernières mesures, plus calmes et plus douces, jusqu'aux moindres nuances successives du *Ton*. Les 4 dernières mesures sans sourdine (*senza sordino*) C'est-à-dire avec Pédale, comme on l'emploierait à cette époque.)

Prompt — gai, et accentué d'une manière piquante. Le passage de Basse de la deuxième partie, distinct et brillant. Le Trio (en mi♭ majeur) extrêmement *Lié* et harmonieux; la Mélodie supérieure, expressive. Le reste, avec la même vitesse.

Comme marche Lugubre et funèbre sur la mort d'un héros, ce Morceau doit être joué d'une manière grandiose, qui se révèle, non seulement dans la lenteur et la marche du mouvement, mais encore dans une forte expression de l'accord, au plus ferme tenuto dont la puissance apparaît à chaque degré de *Piano* et de *Forte*, et particulièrement à la 23ᵐᵉ mesure. Le *Trille* de la Basse doit se faire avec force et durer aussi longtemps que possible.

Le *Trio* (LA bémol majeur) indiqué sans sourdine (*Pédale*) s'exécutera de la manière suivante.

De même, à la 2.ᵉ partie. On voit que déjà Beethoven, employait très souvent la Pédale (*)

Le *Finale* est écrit dans le même style mobile, et entraînant que les Sonates de *Cramer*, (qui était alors présent à Vienne ce qui engagea probablement aussi Beethoven à composer cette Sonate) (**) Elle doit se jouer avec une

---

(*) Il est notoire que beaucoup de compositeurs, mettent au lieu du mot Ped le signe ⊕ là où il faut le prendre, et le signe ✛ où il faut le quitter cette manière est une abréviation que Cramer, Clementi, Dussek et Steibelt, avaient adoptée pour leurs œuvres.

(**) Cramer composa lui même alors 3 Sonates dédiées à Joseph Haydn et dont la première en La bémol majeur est très remarquable.

grande égalité de doigts, et de nuances dans les mouvements croissant ou décroissant, et non pas avec une exécution lente sentimentale ou altérée.

Les deux croches de la 5ᵉ mesure de la main gauche doivent se faire de la même manière. Et ainsi partout où elles se présentent comme Cadence ou demi Cadence (voir l'Iris) dans les 12ᵉ, 26ᵉ, 28ᵉ, 30ᵉ, 32ᵉ, 34ᵉ, mesures, etc. On trouve souvent dans les œuvres de Beethoven qu'il appuie l'édifice de sa musique sur une seule note insignifiante en apparence, et quand on fait ressortir cette note comme lui-même en a eu soin, on donne à toute l'œuvre la couleur et l'individualité qui lui sont propres.

#22

SONATE Nº 13. (sonata quasi fantasia. Op. 27 Nº1.) (Paraeu 1802 chez Cappi à Vienne)

Par suite de la mesure *Alla breve* précédemment indiquée, tout le morceau doit se jouer *Andante*, mouvement modéré. La Pédale, antérieurement désignée se reprendra pour chaque note de Basse. Le tout *Lié*. A la 5ᵉ mesure commence à la partie supérieure le chant particulier, lequel doit se produire avec un peu plus d'énergie. La double croche se prend après la dernière note des Triolets inférieurs. Il faut cependant bien observer que l'accompagnement de ces Triolets doit s'exécuter rigoureusement *Legato* et tout égal. A la 13ᵉ mesure l'ut ♯ avec un peu plus d'énergie. Des mesures 32 jusqu'à la 35ᵉ insensible *Crescendo*, et aussi *Accelerando* jusqu'au *Forte*, lequel diminué depuis le 36ᵉ jusqu'à la 39ᵉ mesure. Dans ce *Forte* ou abandonnera pareillement la Pédale de retard, que Beethoven a recommandé de prendre dans tout le reste du morceau. Ce Fragment est éminemment Poétique et pourtant très facile à concevoir. C'est une scène Nocturne où retentit dans le lointain, la voix plaintive d'un génie.

Ce *Scherzo* est il est vrai, vif, mais on le jouera avec plus de sentiment que de gaîté. Au contraire du premier morceau, il se détachera plus capricieux et plus fantastique.

Dans le Trio, la 1ʳᵉ note de Basse LA♭ / RÉ♭ se frappera très fort et le LA♭ doit vigoureusement résonner pendant toute la partie.

Le tout, impétueux et d'une touche ferme énergique et Brillante. La Pédale toujours maintenue aux deux *ff*. Les croches de la Basse très marquées. La 13ᵉ mesure en retardant. La Mélodie (de la 24ᵉ mesure) très expressive

De même, pour la deuxième Partie — Les passages du finale avec beaucoup de force, et la *Pédale* pendant toute la durée de chacun des accords.

Cette *Sonate* — une des plus passionnées de Beethoven — est aussi profitable à l'exécutant — Elle n'est pas trop difficile à étudier et le caractère en est si clairement dessiné qu'un Pianiste un peu habile ne peut pas manquer de la bien jouer, s'il possède la force et la dextérité nécessaires.

223

SONATE N° 14. (Sonata quasi fantasia Op: 27. N° 2.) (comme la précédente)

Cette *Sonate* est encore plus fantaisie que la précédente et tout le morceau ne forme qu'une sorte de connexion musicale. Nous donnons ici les différents *Tempo* dans le même ordre.

Cette *Sonate* si riche d'idées passe pour la plus intéressante et non pas la plus facile.

Le premier Fragment se joue paisible avec expression. La Mélodie à partir (de la 9e mesure) bien soutenue pendant l'accompagnement des accords *pp* et détachés.

Le deuxième Fragment Vif et brillant.

Le troisième Fragment (*Scherzo* d'un caractère très prononcé) se jouera presque impétueux. Les 3 noires de chaque mesure *Legato* de telle sorte que la troisième noire paraisse détachée presque toujours *Staccato* et légère à la reprise du Thème *Scherzo*. La Basse devra se jouer très *Détachée* et *martellée* pendant que la main droite syncope *Legato* comme au début du morceau.

Le quatrième Fragment paisible, sévère, et avec sentiment.

Le cinquième et dernier Fragment très déterminé, brillant avec Bravoure. Le motif qui revient plus loin se jouera avec vigueur et vitesse jusqu'à la conclusion.

224

SONATE N° 15 (Op: 28) (Paru vers 1802)

Le tout, dans le genre *Lié*. Quoique écrit dans un mouvement Vif — Le Caractère de ce morceau est néanmoins paisible, gracieux et sévère. Le trait harmonieux à partir (de la ??? mesure) bien *Lié* et les notes du chant bien rendues avec la progression convenable.

Les notes de la main droite très *Liées* et bien chantantes, celles de la Basse *détachées* avec légèreté mais suffisamment accentuées. — Le Fragment intermédiaire (en si♭ majeur) avec délicatesse et en mouvement de marche puis, la Variation suivante du Thème, très *Liée*, bien développée à la main droite, (plus tard aussi à la main gauche). — Cet *Andante* (que Beethoven lui même jouait très fréquemment,) ressemble à une simple narration, à une Ballade des Temps passés; elle demande aussi une exécution analogue.

Joyeux et très fantastique. Les 2 croches (de la 4.ᵉ mesure etc:) brièvement coulées sans se lier avec les noires suivantes. Dans le *Trio* la Basse *Liée* et unie. A la main droite, chaque ½ *Mesure* bien marquée.

Genre *Pastoral*, et expressif. La Basse très *Liée* et les fractions de mesure fortement accentuées. — A la main droite, délicatesse et légèreté.

Les *Arpèges* (de la 17.ᵉ mesure) très égaux et *Liés*, de manière que les 2 dernières notes de la Basse marchent toujours bien exactement avec les 2 premières de la main droite.

Dans le trait fugitif de la 2.ᵉ partie, le *PP* et le *Crescendo* jusqu'au *ff* exactement calculés. — La fin très rapide, et brillante (*di Bravoura*)

N.° 25

SONATE N.° 16. (Op: 28 N.° 1.) (Toutes les 3 parurent en 1803)

L'accord de la Basse très vif et accentué, doivent suivre immédiatement aux doubles croches tenues de la main droite. — Il en sera de même dans tous les cas semblables comme aussi dans tout le morceau, sans la moindre exception. — Le Fragment du milieu (en si♭ majeur) doit s'exécuter doux et badin, mais bien marqué. Plus loin dans la main gauche beaucoup de vigueur. — La Mélodie finale de la 1.ᵉ partie douce et bien accentuée. La 2.ᵉ partie vive et brillante. — Avant le retour du principal motif, on fera bien pour les traits de se servir de la Pédale. — Le caractère du morceau est très énergique et fantastique.

2875. R.

Ce morceau, attendu sa longueur, ne doit point s'exécuter d'une manière lente. Le style d'une gracieuse Romance ou d'un Nocturne doit régner pendant tout le morceau, et se révéler par une exécution tendre, élégante et de beaucoup d'expression. Se bien garder surtout, d'allonger la mesure au-delà de 18 à 21 les accords brisés composés du trait de la 2.e partie. A la reprise du Thème les notes détachées de La Basse devront se faire très délicatement, à peu près comme l'accompagnement d'une Guitare.

Ce Rondo *Allegretto alla breve* s'exécutera un peu plus rapidement c'est-à-dire *Allegretto molto*. Le Thème se jouera le plus *Cantabile* possible, et l'harmonie à quatre parties se développera dans un toucher ferme et bien soutenu. La 9.e mesure, avec précision particulière et après cela, plus doux pendant qu'on joue les notes *Liées* des Octaves descendantes de la Basse on observe aussi le mouvement. La suite est bruyante, colorée et pleine de Bravoure. Les passages de Basse devront s'exercer de la manière suivante.

La note la plus grave se fera toujours très marquée.

Le trait fugitif du milieu avec force, et l'accompagnement du Thème, lorsqu'il revient, se joue avec une grande énergie — de cette manière.

La fin est très fantastique, presque bizarre, et ne doit se jouer, qu'avec force, un toucher bien calculé, le tout à l'unisson. L'espèce de *Récitatif* ne doit point traîner.

L'*Arpège* du premier *accord* se fait lentement, et celui de la note supérieure, maintenu d'abord le ⁶/₈ de la me_

2873. k.

sure. Le point d'orgue, longtemps garde la *Pédale* jusqu'au commencement de l'*Allegro*. L'*Allegro* vif, mais sévère. De la 21e mesure, on met la *Pédale*, jusqu'au *Piano*, et de même pour chaque *Forte* de ce morceau, jusqu'à la 44e mesure ensuite, vif et léger, mais plaintif. L'accord (de la mesure 55) très héroïque. Le passage de Basse (de la 69e mesure) *Lié* d'abord *Piano*, puis *Crescendo* jusqu'au *Forte* (mesure 75) qui diminue depuis la 83e jusqu'à la 86e mesure. Les *Arpèges*, de la 2e partie lentement, comme dessus). L'*Allegro* qui suit très impétueux, avec *Pédale* à chaque *Forte*. Au retour du Thème (*Legato*) on maintiendra la *Pédale* pendant le *Récitatif*, qui doit exprimer quelque chose de plaintif. Tout le reste se passe comme dans la première partie. Les 10 dernières mesures avec *Pédale* et la Basse grondante, sombre et *Rallentando*, comme un tonnerre lointain.

Cette Sonate est bien connue. L'unité de l'idée et du caractère tragique, dont aucun Episode ne dérange la forme artistique. Le pittoresque Romantique dont se colorent toutes les descriptions musicales peintes dans ce morceau doivent produire le plus grand effet si l'exécutant à un talent à sa hauteur.

L'*Adagio* est d'une égale élévation. Il ne doit pas languir et suivre le mouvement bien exactement.

Le groupe à la Basse 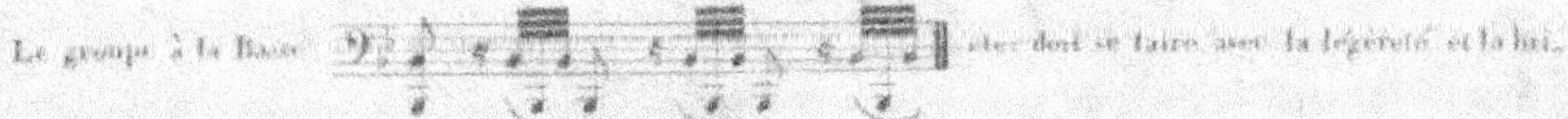 etc. doit se faire avec la légèreté et la lui-

èreté de l'éclair, et *Pianissimo*, mais avec précision, pendant que la main droite exécute le chant à quatre parties avec sentiment. Le *Crescendo* doit pareillement ici se bien calculer. Le chant du milieu (de la 31e mesure) un jeu posé et simple et non languissant. Le passage de la main gauche, (de la 51e mesure) léger, et doux tandis que les notes du Thème, sont *Liées*. À la mesure 53, *Crescendo* jusqu'au *Forte*, et *Accelerando*, alors la 58e mesure doux en *ralentissant*.

Il faut être déjà familiarisé avec beaucoup d'ouvrages de Beethoven pour bien exécuter ce morceau de musique. La *Pédale* doit conduire l'harmonie par des nuances convenables, jusqu'au point d'orgue.

La main droite, jument légèrement développée. La gauche le plus *Lié* possible. Les 6 doubles croches qui sont partagées dans les deux mains, doivent se suivre l'un l'autre avec la plus grande égalité pour produire et imiter l'effet du galop d'un Cheval (*) Le mouvement subsiste pendant tout le mouvement et ne son-

(*) Le Thème de ce morceau de musique fut improvisé par Beethoven, en 1802 en apercevant deux foutre galoppé un Cavalier. Du grand nombre de ses plus belles oeuvres doivent leur origine à des pensées semblables. — Chez lui, il faut pour chaque acte, chaque mouvement, et chaque Rhythm...

nuera dans les traits harmonieux que par l'emploi du *Piano*, du *Forte*, *Crescendo*, *Diminuendo*, comme aussi des Pédales. Les Trilles cadencés se font de la manière suivante.

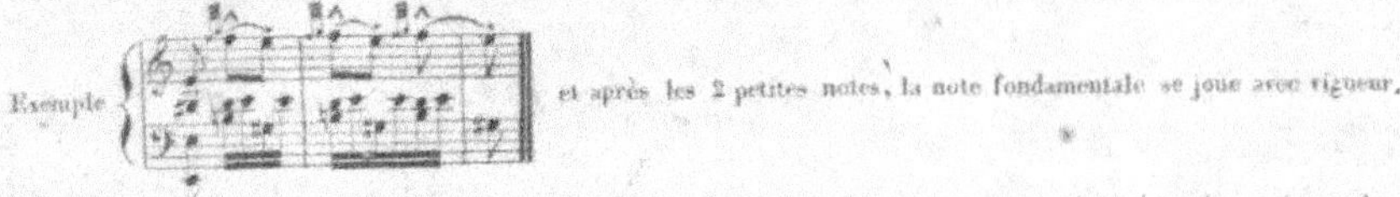

Exemple   et après les 2 petites notes, la note fondamentale se joue avec rigueur.

Le mouvement continuellement passionné prête à ce Finale un charme une sorte d'unité et de sentiment dans laquelle se termine dignement toute la Sonate. Mais il est nécessaire (particulièrement dans la 2.ᵉ Partie) de l'étudier beaucoup, pour la rendre avec cette légèreté parfaite, et cette assurance indispensables pour obtenir l'effet que l'on se propose.

SONATE N.º 13. (Op: 29 N.º 3)   N.º 27

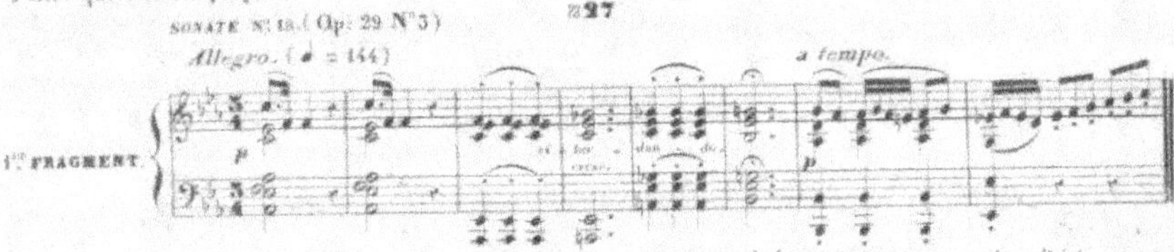

Cette Sonate est plus éloquente que Pittoresque et diffère par sa religieuse sénérité, pleine du caractère élégiaque et romantique de la précédente. Le début, ressemble à une interrogation à laquelle répond la 7.ᵉ mesure. On doit prendre le mouvement avec sentiment, et une certaine irrésolution, qui d'abord près le point d'orgue, et particulièrement dans la 16.ᵉ mesure, et suivante, fait place à une exécution décisive, qui se peut premièrement établir et déterminer convenablement d'après celle fixée au Métronome. Tout ce morceau s'exécutera vif, et brillant.

Dans la 2.ᵉ partie, et au passage suivant:

La Basse de la main gauche, doit avec les notes supérieures se bien marquer, et non se heurter. La phrase suivante, très légère et très rapide mais bien dans le mouvement.

La richesse particulière de ce morceau, est principalement dans les notes détachées des doubles croches, qu'il faut faire en mesure, avec précision toujours brèves, nettes, et dans la plus parfaite égalité pendant que la main droite exécute, soit la Mélodie, ou des traits figurés semblables (il faut maintenir exactement le mouvement vif sauf l'exemption indiquée) et à la 43.ᵉ mesure, on frappera les triples croches légèrement. Le caprice de l'exécution ne doit point excéder ici les limites de la grâce. La fin *pianissimo*, mais nullement retardée.

Ce Menuet doit s'exécuter délicatement d'une manière paisible avec la coquetterie qui caractérise cette sorte de Danse. Le mouvement calme et mesuré comme dans l'ancien Menuet.

Ce Final doit se jouer avec légèreté vivacité force et finesse pour produire à peu près l'effet d'une chasse au cerf. Il est dans le mouvement marqué assez difficile; avec une certaine étude des passages on ne peut en manquer l'exécution déterminée.

N° 28

SONATE N° 19. (Op: 53)

Allegro con brio. (♩ = 88)

Grande et brillante Sonate pleine de feu, de génie et de mouvement exigeant une exécution bien accentuée.

Le début léger doux et *Détaché* jusqu'au *Crescendo* et au *Forte* La 12e. mesure en retardant après le point d'orgue, toujours avec légèreté PP (et non pas *Lié*) De la 25e. mesure *Lié* et passionnée. Le passage de la transition (en MI majeur) lié et retardé. Le chant du milieu (en MI majeur) paisible, lié et religieux, mais non traînant. De même pour sa *Variation*. Le trait suivant Brillant harmonieux et doux, sans être languissant avec la Pédale céleste.

Dans la 2e. partie les passages en triolets très Vif et Liés. Le long *Crescendo* jusqu'au Thème principal avec progression jusqu'aux ff. Le trait final, avec le doigté qui suit.

A la main gauche le 5e. doigt de la dernière double croche devra passer vivement sur la petite note ce qui peut s'obtenir après un peu d'exercice. Le trait qui suit le point d'orgue (en petites notes) aussi vite que possible. Les 5 dernières mesures un peu *più mosso*.

Adagio molto (♪ = 55)

Ce *Rondo* d'un caractère pastoral, est tout entier calculé pour l'emploi de la Pédale, qui paraît ici essentiellement de rigueur. Aussi longtemps que dure le Pianissimo, on conserve la Pédale des étouffoirs; le début doit être également paisible: De telle sorte qu'à l'entrée des *ff* et des passages subséquents en triolets augmente la vivacité, jusqu'à ce que le thème revienne alors le mouvement devient calme et primitif. Le chant intermédiaire (Ut mineur) très vif, énergique et brillant et les passages qui suivent, exactement comme le thème précédent, avec l'emploi opportun de la Pédale.

La fin *Prestissimo* [...] doit s'exécuter avec la plus grande rapidité possible, et l'on employera la Pédale, partout où l'harmonie cessera d'être égale.

Dans le passage suivant [...] toutes les notes de la main droite sont coulées ainsi que nous l'avons déjà expliqué, enseigné, dans la 3.me partie de cette école, et aussi dans le précédent chapitre à l'analyse des ouvrages de Liszt.

Mais, comme pour les petites mains, le trait de ce passage pourrait être impossible, on l'exécutera de la manière suivante:

Cette modification ne nuit point du tout à l'exécution. Les passages en triolets suivis, le plus *Piano* possible, pendant que l'on saisira bien en temps la Pédale, et que l'on rendra fidèlement le thème supérieur et la fin avec une rapidité toujours croissante.

№ 29

SONATE N.o 20. (51.e SONATE)(**) en 1806.

(*) Le signe *senza sordino* ne s'emploierait véritablement aujourd'hui que s'il fallait comme jadis, déplacer les mutations avec les genoux.
(**) Par cette sonate, 51.e Sonate, Beethoven a désigné tous les ouvrages qui jusqu'alors avaient paru en forme de Sonates. Comme aussi tous les Trios et Quatuors. Du reste, si rigueur dans le chiffrage de ses compositions où tel désordre, qui se rencontre également ici, que l'existence de plusieurs ouvrages intermédiaires demeure presque tout à fait inconnue du public. Nous espérons avoir dans le présent traité, rendu le lecteur tellement attentif, sur ce point, qu'il pourra étudier toutes les belles œuvres de Beethoven. Chaque œuvre porte la date de la 1.re publication.

2575. R.

Ce morceau sort tout à fait de la forme ordinaire des Sonates. Il est écrit d'une manière antique, mais pourtant dans un style très spirituel et original. Son *Caractère* demande une exécution, solide, vigoureuse et bien déterminée.

Un trait non interrompu de cette Sonate se fait dans un mouvement rapide, et forme un brillant morceau de musique assez difficile qui se distingue par ses modulations et son effet toujours croissant. On peut aussi le considérer comme une excellente *Étude* pour les Pianistes.

150

Beethoven considérait cette Sonate comme sa plus importante (jusqu'à l'époque où il a composé l'Op:106) et certes on doit encore l'admirer aujourd'hui comme le modèle le plus achevé d'une puissante et colossale idée.

La force physique et intellectuelle que l'exécutant doit avoir dans l'étude de la plupart des Sonates déjà analysées, devra ici augmenter pour qu'il puisse rendre convenablement cette grande peinture musicale, avec tout l'effet énergique et l'expression caractéristique qu'elle exige.

Sans exception il faut suivre exactement le mouvement indiqué par l'auteur, c'est une condition essentielle, et dans tous les passages consonants, comme à l'exemple de la mesure 14 mesure 17 et 20, on ne suspendra point la coopération de la Pédale.

Après la longue préparation au morceau du milieu en LA♭ majeur, on doit exécuter celui-ci, (de la mesure 53) de telle sorte, que les notes, qui à la main droite forment la mélodie, puissent être liées et chantantes, que si elles étaient exécutées par deux mains. C'est-à-dire:

pendant que la Basse accompagne *legatissimo* et *dolce*.

Plus loin, le trait descendant avec la main droite seule intéresse beaucoup par son hétérogénéité, et ne réclame qu'une exécution bien égale. Les passages suivants se font avec beaucoup d'énergie, de vivacité de précision. De même pour les phrases rapides de la deuxième partie. Lorsque le motif principal revient, les ut si souvent répétés doivent se frapper toujours avec le même doigt (le mieux avec le pouce) un changement de doigts produirait là un effet moins bon. Toute la suite, comme dans la première partie. Les passages de la fin les plus brillants possibles, et le *più allegro*, impétueux jusqu'à la conclusion, le *rallentando* (toujours avec Pédale) doucement évanouissant.

Le thème très doux et lié, les notes rapides marquées d'une manière piquante. La première *Variation* du même mouvement que le thème, toutefois avec plus d'accentuation, la main droite doit faire ressortir chaque accord et chaque note dans le même instant, ou la basse frappe, celui qui est marqué *legato*. Le *crescendo* et le *forte* bien observés.

La 2.e *Variation* pp très doux avec la Pédale des étouffoirs et le *cantabile* très lié avec beaucoup d'expression.

La 3.e *Variation* sans Pédale, se joue progressivement avec force et va en diminuant peu à peu jusqu'au thème, où elle reprend sa vigueur primitive.

Le caractère de ce morceau est élevé, grandiose. Il se lie très bien avec le finale.

Le début aigu et accentué précède le thème qui ne commence qu'à la 20.e mesure, et la mélodie particulière (avec la main gauche reployée) à la 28.e mesure, en effet, cette dernière manière est plus remarquable dans les deux mêmes tons UT, LA b avec lequel finit le morceau.

Beethoven, qui peignait si bien les scènes de la nature, a sans doute voulu exprimer, imiter les vagues de la mer dans une nuit sombre et orageuse tandis que retentit au loin un cri de détresse. Un tel tableau peut du moins donner au Pianiste l'intelligence nécessaire à l'exécution de cette magnifique peinture musicale. Il est certain que Beethoven, dans beaucoup de ses plus beaux ouvrages comme celui-ci, créait ses fantastiques visions et ses tableaux lyriques, soit d'après une lecture où la mobilité capricieuse de son génie, et que nous aurions la véritable clef de ses compositions et de leur exécution mystérieuse, seulement par l'exacte révélation de cette circonstance, quand celle-ci surtout était possible.

Le présent finale ne se jouera pas trop vite. Les passages s'exécuteront avec une stricte égalité et légèreté, peu *legato*, et très orageux.

D'abord à la répétition de la 2.e partie et vers la conclusion, le mouvement et le développement de force deviendront de plus en plus considérables et le *Presto* terminera la sonate avec toute la vigueur et toute la puissance de sons dont le Piano est susceptible. (Métronome à ce Presto ♩=92)

2 34

SONATE N.º 22. Op.78. en 1819.

Cette Sonate écrite plusieurs années plus tard, se distingue de la précédente par son génie et son style. Le premier morceau est calme, naïf, tendre, pieux et doit s'exécuter avec une expression chantante, les passages doivent s'exécuter brillants, il faut néanmoins que l'effet coïncide avec la beauté des sons et la parfaite égalité du toucher.

Les triolets du morceau du milieu (particulièrement de la 24.e mesure) de l'allegro se joueront légèrement et délicatement.

Ce finale est assez difficile et quelquefois gênant. Le caractère en est badin, fantastique. Les doubles croches divisées, se joueront rapidement à peu près comme les précédentes.

Le mouvement très vif, et partout le morceau bien brillante qui exi_ge que l'on saisisse bien l'exécution dans ce sens l'ensemble se développera dans une exécution régulière.

252

SONATE N.º 25. (*Les Adieux, l'Absence, le Retour.*) Op. 81, en 1814.

L'introduction se joue avec sentiment; les notes très liées et chantantes. Les trois dernières mesures *ritardan_do* l'*Allegro* (*alla breve*) très vif, et les trois notes qui déjà à l'*Adagio* (au chant supérieur) forment le thème, et surlesquelles tout le morceau est construit, reproduites avec une inflexion particulière. Le difficile et semblable passage (mesure 16 et 17) léger, ferme et rapide. Le trait suivant à la fin de la deuxième partie:

avec abandon, et aussi légèrement que possible.

Le titre de ce morceau (*Les Adieux*) indique avec précision, que l'œuvre musicale doit peindre une touchante mé_lancolie, énergique et passionée.

L'*Andante* avec l'expression de la plus profonde tristesse. Les ornements très tendres et très doux. Le finale extrême_ment vif, brillant et presque joyeux à l'excès. Il est dans ce mouvement nullement facile et peut être considéré comme morceau de Bravoure.

Du reste, cette sonate peut et doit (par une exécution bien comprise) intéresser aussi, tous ceux, qui, sans avoir égard au titre, la considèreront simplement comme une très belle composition musicale. (*)

(*) Nous distinguons la musique pure de celle qui, selon le titre gravé sur le texte, doit peindre une idée éloquente, définie et particulière.

SONATE N.° 24. Op: 90. en 1817.

Avec vivacité, sentiment et expression. ($\bullet$=160)

1.er FRAGMENT

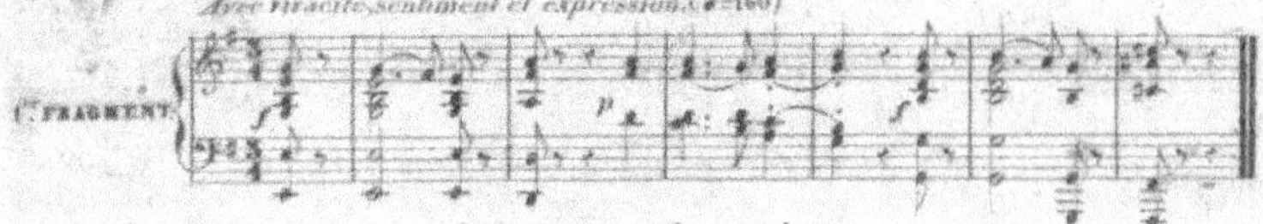

Cette sonate est très remarquable et d'un bel effet si on l'exécute d'un mouvement vif, libre, brillant mais léger. On fera les passages tels qu'ils sont indiqués, en observant les degrés d'expression des mélodies autant que la sonore vibration de toutes les notes qui sont prise du thème. Le passage suivant:

s'exécutera d'un mouvement léger, et avec une précision particulière.

Moderato. ($\bullet$=88)

2.e FRAGMENT
Finale.

Une douce expression par un toucher délicat bien chantant, et beaucoup de légèreté dans l'exécution des notes rapides.

Le thème, qui revient fréquemment, doit autant que possible, ressortir chaque fois avec d'autres nuances, mais toujours par la même légèreté et délicatesse d'exécution; dans certains traits énergiques, l'on pourra augmenter la vivacité. De la 48.me mesure commence à la partie du chant intermédiaire le trille renversé, se fera beaucoup plus piano que les notes de chant supérieures et inférieures.

La fin est très remarquable en ce sens, que les huit dernières notes doivent rigoureusement être jouées dans le mouvement, mais très pianissimo, pour terminer en montant.

SONATE N.° 25. Op: 101. en 1819.

All.tto ma non troppo. ($\bullet$=72)

1.er FRAGMENT

On fera ressortir le mieux possible, au moyen d'un jeu très doux, mais néanmoins riche et bien soutenu, et une exécution tranquille, l'effet par des effets chantants bien calculés, l'importance de cette composition qui toute entière, n'a pas besoin d'ornements extérieurs. On n'y apportera aucune lenteur, ou irrésolution de mouvement.

Vivace all.° marcia. ($\bullet$=76)

2.e FRAGMENT

2.ᵉ Fragment. Très vif, plein de feu et d'énergie. Le *Trio*, au contraire, extrêmement doux, et aussi un peu plus calme.

L'*Adagio* très lié, beaucoup d'expression, toujours avec la *Pédale des étouffoirs*, et souvent avec la *Pédale Forte*.

L'*Allegro* prompt et résolu.

Dans la 2.ᵉ partie, le thème fugué demande une exécution que nous avons indiquée dernier chapitre de cet ouvrage, et auquel nous renvoyons le lecteur, afin de suivre bien exactement nos observations sur le style de cette composition, applicable à toutes les fugues.

235

SONATE N.° 26. Op: 106. en 1818.

A l'époque où Beethoven écrivit cette sonate, qui est sa plus grande, il avait déjà peu d'égard à la structure propre d'un morceau de Piano, et il employait d'après sa fantaisie, tout ce qui lui paraissait possible, pour produire l'effet qu'il avait en vue. C'est pourquoi ses dernières compositions de Piano sont tellement difficiles qu'elles réclament souvent un talent extraordinaire, une grande connaissance de doigté, du point d'Orgue, et de la vibration, et s'être déjà familiarisé avec les compositions antérieures du grand maître, cette sonate étant le fruit mûr de la plus belle fleur.

Quiconque, enfin, aura fait un usage bien entendu des préceptes que nous avons déjà donnés, n'aura plus besoin pour l'intelligence de cette œuvre que de suivre les observations fournies par l'auteur même.

L'une des principales difficultés de ce morceau consiste d'abord, dans le mouvement rapide et fougueux indiqué par l'auteur même; puis, dans l'exécution des traits mélodieux, mais bien combinés, qui doivent se faire avec toute la vigueur du mouvement, dans la pureté des passages, phrases, écarts fantastiques; et enfin dans la persévérance musicale qu'exige toute l'œuvre. Les difficultés qu'elle contient demande de plus grands exercices et plus d'analyse pratique musicale que n'en réclame d'autres compositions, si ce n'est celles écrites en style de symphonie, qui développent chez les Pianistes, à mesure qu'ils les étudient, de très grandes connaissances.

Extrêmement fougueux et fantastique. Le *Trio* en si b mineur d'une harmonie liée, et toujours avec l'emploi de la Pédale.

Cet Adagio se jouera avec une expression mélancolique extrêmement liée et chantante, en suivant rigoureusement le mouvement, sauf l'exception indiquée.

Le Pianiste devra mettre dans cet *Adagio* toute l'adresse d'exécution possible, pour que sa longueur peu ordinaire, ne fatigue pas l'attention de l'auditeur. Il devra également, conserver fidèlement le tragique, sublime et mélancolique caractère de l'ensemble. Cependant, les phrases mobiles et variées, admettent quelques exceptions.

Quelque arbitraire que paraisse la répartition dans cette espèce d'*Introduction* fantastique, il faut pourtant la rendre fidèlement et exactement. Le seul moyen que nous recommandons, est de compter dans sa pensée, ou hautement pendant une étude très délicate des fractions de mesure.

Particulièrement dans le passage suivant on peut se tromper aisément.

Pour que la division et distribution de ce passage devienne bonne à notre oreille, il faut auparavant le pratiquer, l'exercer avec la main droite de la manière suivante.

De cette façon, l'oreille reconnaît à quel temps, à quel moment, la main gauche doit frapper les octaves. Plus loin, aussi, là où s'élève ce signe, *crescendo* et *accelerando*, jusqu'au *ff* et au *Prestissimo*, la répartition des notes demeure toujours la même.

A cette introduction, s'enchaîne le *Finale*, grande fugue libre à trois voix.

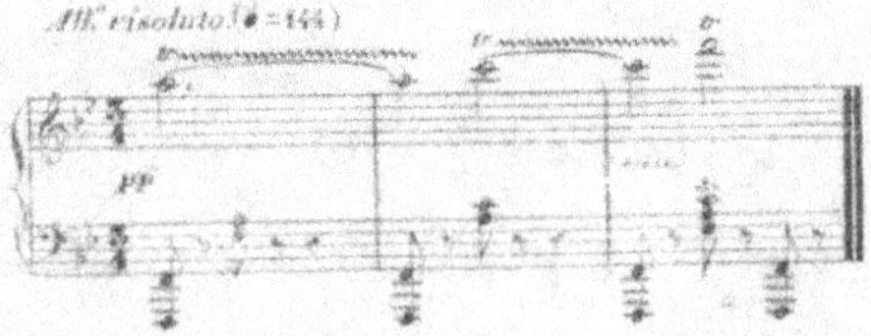

Nous renvoyons encore au dernier chapitre sur le jeu de la fugue et nous ferons remarquer que, ce finale est un des plus difficiles de la musique de Piano, il peut cependant devenir l'étude la plus conforme au but désirable, si on commence par l'exécuter, ligne par ligne, phrase par phrase, et surtout, lentement dans une petite répartition de notes.

Ceci doit se jouer très vivement, très énergiquement, en observant bien toutes les nuances d'exécution, de même qu'avec la plus grande fermeté dans les traits de bravoure. Le Pianiste atteindra ce résultat s'il y met de la persévérance; surtout s'il a déjà bien étudié beaucoup d'autres anciennes fugues de *Bach*, *Händel*, etc. etc.

SONATE N.º27. Op:109, en 1824.

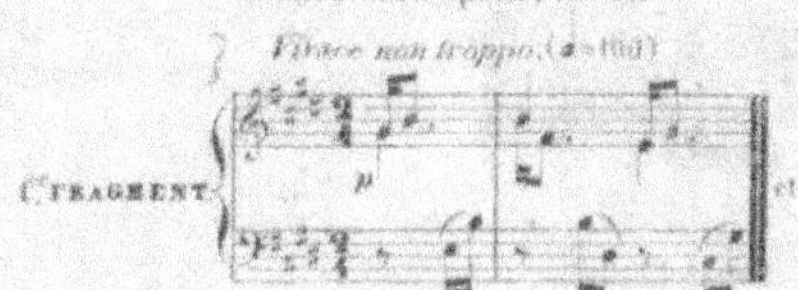

Cette conception est plutôt une fantaisie qu'une sonate. Le *Vivace* alterne plusieurs fois avec l'*Adagio.* L'ensemble en est noble, paisible et d'un sombre caractère; les rapides passages doivent s'exécuter dans l'*Adagio*, fort légèrement, comme quelque chose de vague ou rêverie; de même que le *Vivace* ne produira de l'effet que très *legato* et bien chantant.

Extrèmement rapide et passionné, toutefois avec une couleur mélancolique.

Le thème et la 1.re Variation avec expression et très lié. La 2.e Variation un peu animé, avec légèreté. La 3.e Variation rapide et brillante. La 4.e calme et lié. La 5.e sévère, accentué, et les quatre parties bien distinctes. La 6.e paisible, mais brillante. Tout le morceau dans le style de *Hændel* et de *S. Bach.*

SONATE N.º28. Op:110, en 1821.

Morceau de musique d'une expression tendre et très riche. Les passages paisibles s'exécuteront très *Cantabile,* et bien touchants. Les traits fugitifs extrêmement légers et nullement brillants.

Dans la 12.e mesure se trouve un doigté comme suit:

où le pouce marquera brièvement, sans pourtant interrompre, ni troubler l'égalité des autres doigts.

À la 2.e partie, les doubles croches de la Basse, très liées et bien expressives, pendant que la main droite reproduit le thème *Cantabile.*

Très rapide, énergique, spirituel, mais sévère. Le *Trio* (en RÉ majeur) doux, agile, et avec l'emploi de la Pédale Céleste.

Très mélancolique, et le récitatif d'une exécution bien déterminée et bien dramatique.

Nouvelle fugue, qui se joue d'un mouvement de plus en plus rapide et brillant, jusqu'à la conclusion.

238

SONATE Nᵒ 29. Op: 111. en 1821. (*)

Ce premier fragment de la dernière sonate de Beethoven rappelle ses plus grandes inspirations et doit être exécuté avec toute la rigueur, la tendresse et la passion, que le caractère tragique comme la complication et la difficulté des passages exigent.

Un simple thème très chantant, toutes les notes liées. Les variations ont une élévation progressive. Les dernières sont difficiles, il faut que l'exécutant y déploie tout son talent pour les bien rendre.

(*) Nous avons indiqué les époques de la publication des ouvrages de Beethoven et nous faisons remarquer les soins que Mʳ Simon Richault a apporté dans ses éditions [illegible] l'attention des [illegible] professeurs et amateurs, pour leur donner la préférence sur toutes les autres éditions.

239

Ici se termine la série des grandes sonates de Beethoven, qui seules suffiraient pour rendre son nom immortel. Nous nous sommes efforcés, par la plus exacte définition possible du mouvement indiqué, de même que par des remarques supplémentaires, d'en faciliter l'étude et l'exécution aux Pianistes jaloux de se perfectionner.

Beethoven vécut et écrivit tous ses ouvrages à Vienne. Il est naturel que l'esprit qui doit présider à leur intelligence, et à leur juste exécution puisse être démontré préférablement ici, plutôt que par tradition, et l'expérience a prouvé que la réalité du fait existe. Car si on leur donne un mouvement contraire, combien le caractère véritable de ses compositions sera méconnu! Il était donc très opportun d'y pourvoir pour l'avenir.

240

Nous allons, cependant encore, avant de passer aux œuvres avec accompagnement, analyser ses petites compositions, où l'on trouve d'excellentes choses.

SONATINES.

Il y en a cinq dont il en écrivit trois, fort jeune encore. Deux (Op. 49, en 1802), (une à quatre mains avant 1800) et la Sonatine en Ré (Op. 79, vers 1810).

La dernière est la plus importante. Toutes sont profitables aux Pianistes les moins exercés.

FANTAISIES ET RONDOS.

1. FANTAISIE. Op. 77, vers 1810.

Cette Fantaisie donne une véritable idée de la manière, dont il avait coutume d'improviser, quand il ne voulait suivre aucun thème déterminé, alors son génie imaginait toujours de nouveaux motifs. Les morceaux paisibles doivent s'exécuter avec beaucoup d'âme, ceux qui sont passionnés, plus rapides et brillants. Les variations finales très spirituellement, et la plupart très marqués.

2. ANDANTE FAVORI. Op. 35, en 1805.

Composition des plus agréable, en même temps des plus brillantes. On jouera les passages en octaves de la 2.e partie, vivement et avec bravoure. Tout le reste avec délicatesse et un sentiment tendre, à peu près comme dans le mouvement d'un *Menuet.*

3. RONDO. (publié sans numéro vers 1806)

Ce joli Rondo doit aussi s'exécuter avec la plus grande délicatesse possible. De même que le morceau passionné du milieu qui exige un semblable et rapide mouvement.

4. RONDO. (sans numéro, avant 1800)
Modto e graziosa. (♩ = 69)

Un peu moindre, mais d'un pareil caractère, et soutenu, comme les deux précédents; toutefois beaucoup plus vif.

5. *POLONAISE.* (parue en 1814, sans numéro)
Alla Polacca. Vivace. (♩ = 116)

Exécution brillante, délicate et vive.

6. BAGATELLES. Op: 33. (1804)

Au nombre de sept. Courtes mais spirituelles, charmantes; ce sont des morceaux de musique très brillants dont l'exécution est utile sous tous les rapports.

7. Six BAGATELLES. Op: 126. (vers 1820) Courtes et légères, également très intéressantes.

8. Trois grandes MARCHES à quatre mains. Op: 45. (vers 1805)

Dans un style grandiose et remarquablement belles.

§ 41

VARIATIONS.

La plus grande partie fût composée (on le croyait de son temps) sur des thèmes étrangers.
Nous commençons toutefois par celle-ci, dont le thème est original.

N° 1. Op: 34. (vers 1804)
Adagio cantabile. (♩ = 63)

THÈME.

Dans cette œuvre très remarquable, chaque variation est écrite dans un ton, une mesure et un caractère totalement différents l'un de l'autre.

On trouve le mouvement du Métronome dans l'édition ci-dessus indiquée. Ces variations réclament une exécution aussi agile et bien déterminée, pleine de sentiment; et le caractère de chacune est tellement précis, que le Pianiste ne peut manquer de le rendre, s'il observe et maintient exactement le mouvement.

N° 2. VARIATIONS. Op: 35. (vers 1805)

Ces grandes Variations sont composées sur un thème de son ballet de *Prométhée*. Avec la Basse commence le thème.
La 15e Variation est très difficile et brillante dans le style de bravoure, et le finale fugué exige toute la virtuosité, et la perfection d'un pianiste distingué.
Le mouvement est d'abord mesuré; mais il change ultérieurement plus ou moins, selon le caractère de la Variation.

N° 3. VARIATION. Op: 36. (vers 1805)
Allegretto. (♩ = 80)

THÈME.

Ces variations représentent dans une progression non interrompue, un morceau de musique très caractéristique, d'un style sévère et toutefois s'élevant jusqu'à la plus brillante bravoure. Elles appartiennent à ses plus énergiques et ingénieux ouvrages et seront aussi instructives que profitables pour les bons Pianistes.

Aux 31e et 32e Variations le *Crescendo* devra se reproduire jusqu'au *ff* par tous les moyens possibles, et même par l'emploi de la Pédale.

Le thème est court. Cette œuvre est donc de celles qui se peuvent parfaitement bien exécuter en public, et devant un auditoire intelligent.

Fantastique et spirituellement vif.

Avec âme et une certaine facilité d'exécution.

§42

VARIATIONS SUR DES THÈMES ÉTRANGERS.

Il y en a un grand nombre. Nous indiquerons seulement:

Ces variations que Beethoven composa dans sa jeunesse à Vienne (1792) sont une preuve qu'il était fort grand exécutant et quelle était la rectitude originelle de son génie, soit pour traiter un thème connu, ou pour en imaginer de nouveaux, et développer dessus une belle mélodie ou de brillants passages. Aujourd'hui même encore, un Pianiste ne sera en état de les exécuter convenablement qu'après un notable et attentif exercice.

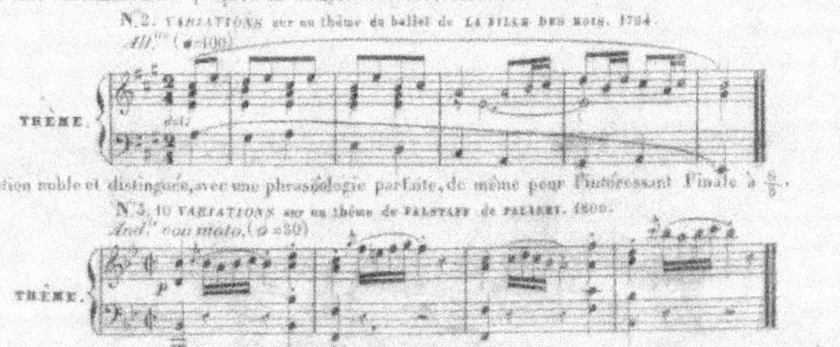

On doit les rendre avec feu et vivacité; elles ne sont pas moins remarquables par l'originalité des traits et mélodies que par la spirituelle *désinvolture* du Finale à l'Autrichienne.   2875.R.

N°4. 7 VARIATIONS sur un thème du SACRIFICE de WINTER. (1809)

Allegretto.

THÈME

Le thème revient dans un si grand nombre de différentes périodes qu'il faut admirer l'adresse avec laquelle dans chaque variation, la diversité et l'unité se trouvent rassemblées tout à la fois.

N°5. 6 VARIATIONS sur un thème de SOLIMAN de SUSSMAYER. (1809)

And.te quasi Allegretto.

Dans ces variations se révèlent des mœurs sévères et caractéristiques, sur un thème vif et très simple.(*)

N°6. VARIATIONS sur QUANT'È PIÙ BELLO, de l'Opéra de la MOLINARA (1797)

Allegretto.

THÈME

La grande et belle simplicité de ces variations peut encore servir aujourd'hui de modèle.

N°7. 12 VARIATIONS sur un thème de WEIGL du ballet le NOZZE DISTURBATE. (vers 1798)

Allegretto.

THÈME

De même que les précédentes, mais bien plus brillantes.

N°8. 8 VARIATIONS sur une FIÈVRE BRÛLANTE de RICHARD CŒUR DE LION de GRÉTRY (1794)

Allegretto.

THÈME

Ce thème, [...] aussi par Mozart, et il est très intéressant de comparer les deux productions entre elles. D'où l'on peut conclure que la jeunesse de Beethoven fût surprenante, puisqu'il écrivit son œuvre à cette époque.

N°9. 33 VARIATIONS sur une valse de DIABELLI. (Op:120. (1823)

Grave.

THÈME (VALSE)

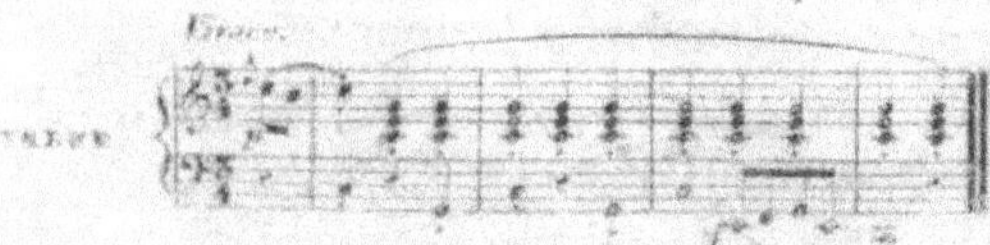

[illegible footnote]

Beethoven commença la longue série de ses œuvres de Piano, par des *Variations*; il la termine de même par des *Variations*, car celle que nous donnons ici est sa dernière composition de Piano, et néanmoins une de ses plus considérables.

Cette œuvre fut une sorte de concours auquel participèrent tous les compositeurs et dilettanti d'alors, en variant le même thème. Elle fut publiée dans une collection particulière, et celui-là seul peut s'étonner le moins de la perfection du travail de Beethoven, qui l'a entendue exécuter par Glück même, et a pu remarquer aussi qu'il était en état de reproduire jusqu'aux plus simples et plus fugitives notes de cette magnifique et importante composition.

L'exécution de ces variations est très difficile, et pareille à celle de la Sonate Op:106. La 1re Variation très forte et bien chantante. La 2e Var: légèrement *staccato* et plus vive. La 3e Var: *Cantabile* et tranquille. La 4e particulièrement à l'entrée de chaque nouvelle partie. La 5e vive et déterminée. La 6e gracieuse et brillante. La 7e énergique et vive. La 8e douce, calme et *legato*, mais légère. La 9e rigoureusement marquée et bien accentuée. La 10e extrêmement légère et rapide, *Presto*. La 11e calme et significative, expressive. La 12e fière, mais *legato*. La 13e rapide et dans un mouvement rigoureux. La 14e grave et sentimentale. La 15e très vive et fière. La 16e et 17e très brillantes et avec bravoure. La 18e *legato*. La 19e extrêmement vive et bien marquée. La 20e lente, mystérieuse, extrêmement piano et *legato*, mais avec une expression profonde. La 21e prompte et fantastique. La 22e rapide, vigoureuse et avec gaîté. La 23e fortement et brillamment marquée. La 24e lentement très *legato*. La 25e vive et légère. La 26e gracieuse et douce. La 27e vive et brillante. La 28e spirituellement vive et fortement accentuée. La 29e lente et mélancolique. La 30e de même. La 31e très lente, les ornements bien expressifs et bien délicats. La 32e fugue, suffisamment vivement marquée. La 33e dans le mouvement du menuet d'autrefois, mais avec une grande expression.

Beethoven écrivit ces *Variations* en très bonne humeur joyeuse. Les caprices du génie deviennent souvent une loi pour la postérité, par une teinte descriptive, que porte les compositions de chaque auteur.

243

Il compose encore beaucoup d'autres petites variations, une partie dans sa première jeunesse, l'autre partie à une époque plus éloignée, comme:

1. Sur le God save the king. 1804. (*Dieu sauve le Roi!*)
2. — La Rule Britannia. 1804. (*La règle Britannique*)
3. — Nel cor più mi non sento.
4. — Il était un petit homme.
5. 6 Variations sur un Air Suisse.
6. Variations à quatre mains sur un Thème du Comte de Waldstein. Toutes les quatre dans l'année 1798.
7. Variations à quatre mains sur un Air original. 1805.

De même qu'un bien plus grand nombre encore de recueils de Menuets, Danses, Allemandes, vers 1796, Pour les bals de Vienne. Un seul Prélude et une autre petite Bagatelle de moindre importance.

244

Nous ajoutons encore ici la liste des Variations avec accompagnement.

1. 12 Variations pour Piano et Violon sur un thème du Figaro de Mozart.(en 1793)
2. Var: pour Piano et Violoncelle sur un thème de la Flûte enchantée de Mozart. (*La vie est un voyage*)
3. Var: pour Piano et Violoncelle sur un autre thème de la Flûte enchantée de Mozart. (*Je vais revoir l'amant que j'aime*)
4. Les excellentes Variations pour Piano et Violoncelle sur un thème de Handel. Judas Macchabée. Toutes aussi de sa première jeunesse (avant 1800.)
5. Variations en MI majeur sur un thème inconnu pour Piano et Violoncelle.
6. Adagio, Variations et Rondo pour Piano, Violon et Violoncelle sur le thème Schneider weiz, weiz. Op:121. (vers 1818) Composition fort intéressante.
7. Une immense quantité de Thèmes favoris avec variations pour Piano et Flûte en style léger. (Publiés vers 1820) fort utiles aux progrès des jeunes Élèves.

N. C. de Charlemagne, Traducteur.

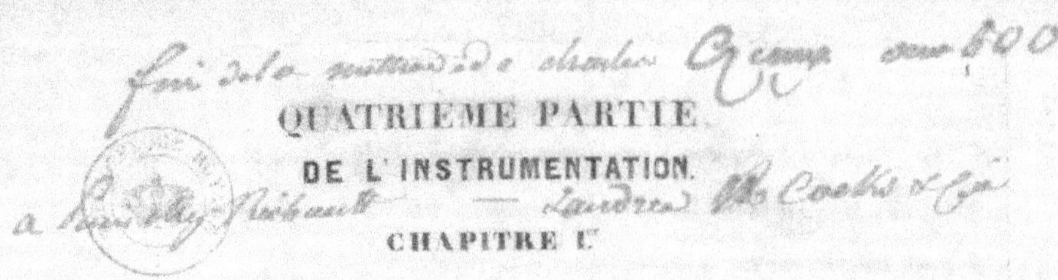

QUATRIEME PARTIE

DE L'INSTRUMENTATION.

CHAPITRE I.

INTRODUCTION: DE LA NATURE ET DES PROPRIÉTÉS DE TOUS LES INSTRUMENTS D'ORCHESTRE.

Une des sciences les plus nécessaires et les plus importantes pour le compositeur, est une connaissance exacte de tous les instrumens pour lesquels il écrit. Il doit connaître leur étendue, leurs propriétés, la qualité de leur son, les ressources qu'ils offrent, enfin tout ce qui peut-être exécuté sur chacun d'eux avec facilité et avec un effet satisfaisant. Dans une composition d'Orchestre, il faut encore savoir comment les diverses masses de son doivent être combinées et employées pour produire une harmonie qui soit non seulement claire, mais encore agréable. Il n'est pas un instrument dont on ait épuisé les ressources au point d'avoir découvert et appliqué tous les effets qu'il peut produire. On sait que le Piano et le Violon sont fécunds en effets nouveaux dont on n'avait jadis aucune idée; et si chaque instrument produit tant de combinaisons diverses, combien doit en fournir un Orchestre entier.

Mais avant que le compositeur tente de nouveaux effets et de nouvelles combinaisons il doit connaître ce que les grands maîtres ont déjà fait en ce genre. Presque tous ceux qui ont écrit récemment pour l'Orchestre en ont employé les ressources d'une manière toute particulière et personnelle. Et si nous étudions et comparons les œuvres de *HAYDN, MOZART, CHERUBINI, BEETHOVEN, WEBER, MEYERBEER, ROSSINI*, nous trouverons que chacun de ces maîtres ont produit les plus beaux effets par des procédés bien distincts et tout particuliers.

Les différents instruments sont pour le compositeur ce que sont les couleurs pour les Peintres, et il y a une parfaite analogie entre la composition musicale d'une pensée et le coloris d'un tableau. De même que chaque grand peintre a une manière personnelle d'employer et de marier ses couleurs, ce qui fait reconnaître immédiatement ses tableaux, par l'amateur expérimenté, de même chacun des compositeurs que nous venons de citer, possède aussi une sorte de méthode individuelle dans l'application des différents sons que présentent les nombreuses ressources de l'Orchestre.

Nous allons indiquer ici et mettre en relief la plus importante de ces qualités personnelles des grands maîtres et nous croyons fermement, qu'en agissant ainsi, nous signalerons au jeune compositeur la meilleure méthode d'exciter et de diriger sa propre imagination dans cette partie de l'art musical.

Cependant la connaissance des divers instrumens que composent un Orchestre est préalablement nécessaire.

A. INSTRUMENTS A CORDES.

1. Le *Violon* a les quatre cordes suivantes  et son étendue orchestrale est de 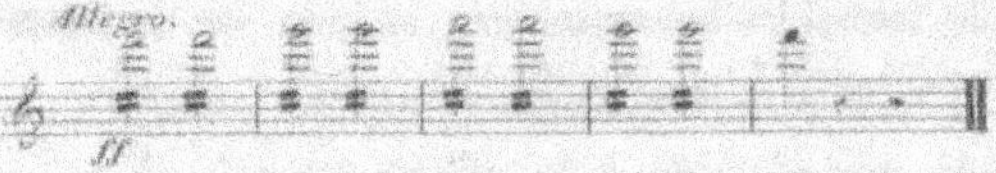 Dans les passages énergiques qui l'ont déjà élevé jusqu'à ce point,

il peut monter encore quelques notes plus haut; *Exemple:*

Mais des notes aussi élevées ne doivent pas se trouver en succession rapide, ni se prendre par saut. En effet, comme la partie de Violon est exécutée à l'orchestre par plusieurs artistes en même tems, des passages aussi incertains seraient généralement joués hors de l'intonation juste.

Les doubles notes sont praticables si l'on a eu égard à la position des quatre cordes. Ainsi, l'on peut écrire, des Secondes, des Tierces, des Quartes, des Quintes, des Sixtes, des Septièmes et même des Octaves. Mais de plus petits intervalles que la Quinte, ne doivent être employés que dans les Octaves graves. La Sixte, la Septième, et l'Octave, peuvent cependant se tolérer aussi loin que le *Mi* d'en haut. *Exemple.*

Les accords de trois et quatre notes ne peuvent se faire qu'en arpége et *Forte* sur le Violon. Il faut avoir une certaine connaissance de l'exécution pour ne pas écrire d'autres accords que ceux qui sont praticables sur cet instrument. Les accords composés de notes, distantes l'une de l'autre d'aumoins une Quinte, peuvent s'écrire dans tous les tons jusqu'au *Ré. Exemple.*

L'accord marqué + contient une Tierce (*Ut* ♯. *Mi*) qui est d'une exécution très facile. Le *Mi* supérieur étant la corde elle-même à vide. Dans le ton de *La* ♭ ou dans le ton de *Sol.* L'accord serait tout-à-fait impossible. Car en arrêtant la corde *Mi* (comme aussi les autres) on produit des sons élevés, et jamais de sons graves.

Quand la note inférieure est une corde à vide (savoir *Sol* ou *Ré*) des octaves peuvent même être ajoutées dans le dessus, comme:

Mais les accords suivants 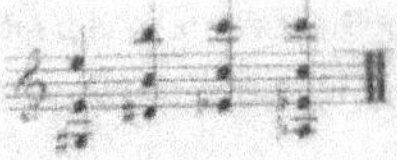 sont impraticables attendu que la main ne peut les atteindre.

Tous les passages qui ne dépassent pas l'étendue déterminée sont exécutables sur le Violon, excepté la gamme chromatique qui dans une composition d'orchestre doit être évitée dans un mouvement rapide.

La gamme diatonique de *Mi* 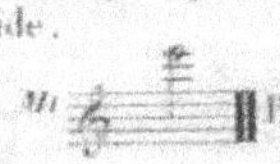 peut se faire avec une grande rapidité dans chaque ton.

Le Violon peut exécuter *Staccato*, *Legato*, *Mezzo staccato*, et aussi *Pizzicato*. Le dernier, toutefois pas trop vite avec la plus grande perfection et quand sa partie est bien secondée par l'orchestre elle s'élève, comme principale au-dessus de toutes les autres. L'ensemble est aussi toujours conduit et dirigé par le premier Violon.

2. La *Viole* ou *Alto* (*Ténor*) est absolument semblable au Violon. Seulement ses cordes sont montées une quinte plus bas, ainsi: 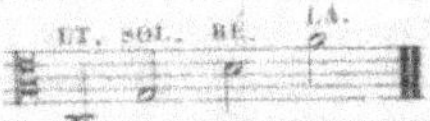

Sa partie s'écrit toujours en clef d'*Alto* et son étendue orchestrale est de 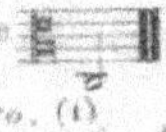 à 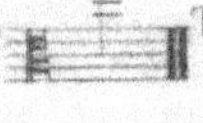 Tous les passages de Violon sont également praticables sur l'*Alto*. (1)

3. Le *Violoncelle*. Ses quatres cordes sont 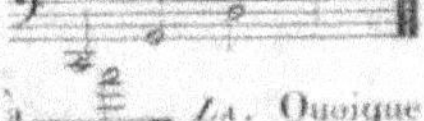

et son étendue dans la musique d'orchestre est de  *Ut* à 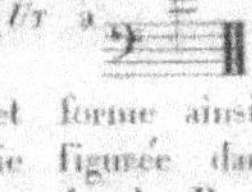 *La*. Quoique le *Violoncelle* joue ordinairement avec la *Contre-Basse*, et forme ainsi la base de l'orchestre, quelquefois néanmoins on lui donne une mélodie figurée dans la partie moyenne de la gamme; dans ce cas, la *Contre-Basse* exécute seule la Basse. Comme la partie de Violoncelle est exécutée aussi par plusieurs artistes dans l'orchestre, on doit songer à cette particularité lorsque l'on compose des traits mélodiques pour cet instrument.

Des doubles notes et des accords se peuvent faire sur le Violoncelle, mais ils doivent être employés sobrement, et peut-être seulement dans les passages à grand effet. Les Quintes, Sixtes et Septièmes sont praticables dans tous les tons jusqu'au ton de *Mi*. 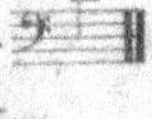 Par exemple:

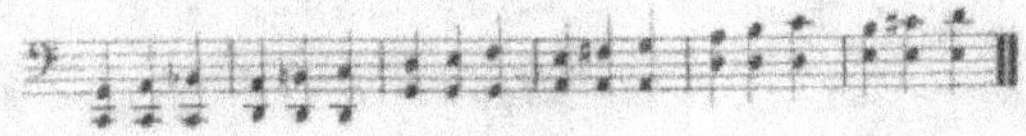

Mais quant aux octaves, on se sert seulement dans la musique d'orchestre des trois suivantes: 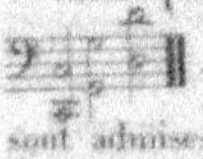 où la note la plus grave est une corde à vide. Les Secondes, Tierces et Quartes ne sont admises que lorsque la note la plus élevée est une corde à vide; parceque la tenue de ces accords, dans les autre tons, est très peu certaine.

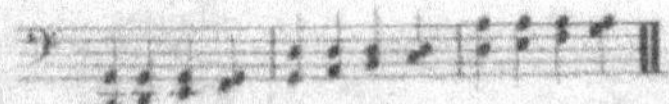

(1) Relativement aux accords et aux passages en doubles notes il existe quelque différence entre les deux instruments, occasionnée par la diversité de timbre. Néanmoins, si les exemples donnés ci-dessus pour le Violon sont transposés une QUINTE plus bas, ils seront alors praticables sur l'Alto.

Cependant il arrive rarement que dans une composition orchestrale on se serve de ces petits intervalles.

Des accords de trois et quatre notes (qui comme le Violon se jouent en *Arpeggio* du bas jusqu'en haut) doivent être écrits de telle manière que la distance d'une note à l'autre ne soit pas moindre qu'une Quinte juste ou plus grande qu'une Septième. Par exemple:

L'accord marqué + contient certainement une octave, mais comme le *Sol* le plus grave est une corde à vide, il peut se jouer aisément. Le dernier accord en quatre parties, doit être évité dans les autres tons. Quand on est dans l'intention de faire jouer les Violoncelles sans les Contre-Basses on ajoute l'abréviation *Celli*. Le mot *Bassi* indique alors que les Contre-Basses doivent recommencer à jouer.

4. La *Contre-Basse* (*Contra-Basso*) Son étendue est de  *Fa* à *La*. Mais tout ce qui est écrit pour elle, résonne une octave plus bas. Conséquemment, elle forme avec le Violoncelle une Basse en octaves.

Le passage suivant:

résonne donc dans l'exécution, ainsi qu'il suit; (1)

Quand le Violoncelle doit exécuter pour un temps assez long une partie indépendante accompagnée par la Contre-Basse, il est mieux d'employer deux parties; la supérieure appartient au premier instrument.

Comme la Contre-Basse ne descend que jusqu'au *Fa* elle prend les trois dernières notes du Violoncelle (quand nous trouvons nécessaire de les employer) dans la même octave, et conséquemment l'effet de l'octave inférieure ne s'y trouve plus. Néanmoins, il y a quelques Contre-Basses qui descendent au *Mi*.

(1) La Contre-Basse, en Angleterre a trois cordes, accordées par Quartes, ainsi qu'il suit mais comme la notation de cet instrument est une octave plus haute que le son produit, les cordes à vide donnent en réalité les notes suivantes. Quand les notes d'un passage descendent plus bas que l'effet des octaves avec le Violoncelle ne se produit pas plus longtemps; alors, le Fa des première, quatrième, et dernière dernière exemple auquel se rattache cet observation résonnera, sur la Contre-Basse anglaise, une octave plus haut.

Il y a dans un orchestre, plusieurs Contre-Basses, et cet instrument est d'une grande importance, attendu que l'édifice et l'harmonie de toute la composition repose sur lui, parce qu'il donne une noble dignité à tout l'ensemble par la majestueuse profondeur de son caractère. Les passages rapides ne doivent pas être trop souvent employés dans la Contre-Basse parcequ'alors ils deviennent obscurs particulièrement dans les octaves basses. Les trois plus basses notes 𝄢 sont comparativement presque faibles et la toute puissance de l'instrument se trouve dans l'étendue de Si 𝄢 à Fa 𝄢 il n'a pas de doubles notes, mais son *Pizzicato* est d'un très bel effet.

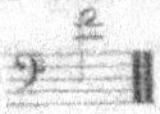

Tous les instruments à cordes peuvent être joués *Con sordino*. Chaque artiste met une Sourdine de bois (1) sur le chevalet de l'instrument, laquelle étouffe, absorbe le son d'une manière particulière. Ceci n'est que rarement employé, et plutôt dans les Opéras, pour produire quelque effet dramatique particulier. Pour cette application, les artistes doivent avoir quelques moments à leur disposition comme aussi quand il faut retirer de nouveau la sourdine, ce qui est indiqué par les mots *Senza sordino*. Les instruments à cordes pris collectivement, sont appelés, en composition d'orchestre, le *Quartette*, le *Quatuor*, afin de les distinguer des instruments à vent.

B. INSTRUMENTS A VENT.

1. La *Flûte* (*Flauto*) a une étendue de 𝄞 à 𝄞 elle exécute généralement, la plus haute des parties des instruments à vent. Son timbre est doux et moelleux, quoique suffisamment distinct dans les passages d'harmonie pleine, attendu sa qualité pénétrante particulièrement dans les notes aiguës. On écrit pour la Flûte, des mélodies, de longues notes soutenues, des staccato, trilles, et cadences, et quelquefois des sauts, quand cela convient. La Flûte, possède, dans son étendue, tous les demi-tons, et peut en conséquence jouer dans chaque ton. On ne peut donner de doubles notes à la Flûte, (pas plus qu'à aucun autre instrument à vent, c'est un fait évident par lui-même.)

2. Le *Hautbois* (*Oboe*) s'étend de  𝄞 jusqu'à 𝄞 Son timbre est aigu et perçant, ce qui le rend très dominant dans l'exécution d'une mélodie. Il a tous les demi-tons, excepté le dernier Ut dièze 𝄞 et peut jouer dans tous les tons. La clef de Sol lui est consacrée, et dans la série des instruments à vent, il rend généralement la partie immédiatement placé au-dessous de la Flûte. On pratique sur le Hautbois tous les passages qui peuvent être écrits pour la Flûte.

3. La *Clarinette* (*Clarinetto*) pour l'usage de l'orchestre s'étend de 𝄞 jusqu'à 𝄞 Son timbre est doux et moelleux, quoiqu'il possède aussi une puissance considérable. La plus basse octave de Mi à Mi 𝄞 est faible, mais d'un son très agréable, et

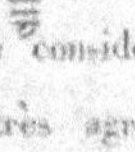

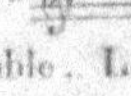

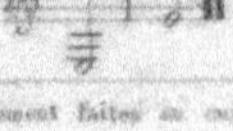

____

(1) Les Sourdines, en Angleterre, sont généralement faites en cuivre. Celles faites en France sont en ébène.

produit, en arpèges ce que l'on appelle, *NOTES DE CHALUMEAU*.[1] Exemple.

Quoique la partie de Clarinette soit toujours écrite en clef de Sol, on doit toutefois bien observer l'importante distinction qui suit:

Il y a trois sortes de Clarinette, savoir:

1. La Clarinette en La.
2. La Clarinette en Si bémol.
3. La Clarinette en Ut.

La *CLARINETTE EN LA*, rend tout ce qui est écrit pour elle, *UNE TIERCE MINEURE* plus bas. Ainsi, ce qui est écrit en *Ut* majeur, elle le joue en *La* majeur. On en fait usage dans les compositions qui ont deux dièzes même plus à leur clef. Au commencement de chaque morceau et de la ligne même, se trouve écrit *CLARINETTE EN LA*. Quand l'œuvre est en *Ré* majeur ou *Si* mineur, la partie de Clarinette s'écrit en *Fa* majeur ou *Ré* mineur. Pour un morceau en *Si* majeur, la Clarinette se met en *Ré* majeur, et ainsi de suite. Exemple.

L'étendue réelle de la Clarinette en La selon son timbre est donc, de à

La *CLARINETTE EN SI BÉMOL*, joue tout ce qui est écrit pour elle, *UNE SECONDE MAJEURE* plus bas; et elle est employée dans les compositions ayant deux ou plusieurs bémols à la clef. Ainsi pour un morceau en *Si* bémol majeur, ou *Ré* mineur, la partie de Clarinette est écrite en *Ut* majeur ou en *La* mineur. La même observation pour tous les autres tons. Ex:

L'étendue de la Clarinette en Si bémol conformément à son timbre, est de à

La *CLARINETTE EN UT*, demeure dans le ton réel; et on écrit pour elle dans les tons qui n'ont pas plus d'un dièze ou d'un bémol, de la même manière que pour le Hautbois ou la Flûte. Son étendue a déjà été indiquée plus haut.

Les Clarinettes ont tous les demi-tons et produisent les plus beaux effets en mélodie simple ou en gracieux passages diatoniques. Dans le groupe des instruments à vent, elles se placent ordinairement au-dessous du Hautbois.

---

(1) Les passages pour la partie de l'instrument dite de Chalumeau sont écrits souvent à une octave plus haut, et le mot CHALUMEAU se place au-dessous.

7

4. Le *BASSON* (*Fagotto*) Dans la musique des instruments à vent seulement, le Basson forme la basse, et son étendue est de 𝄢 à 𝄢 Les notes supérieures s'écrivent plus convenablement en clef d'*Ut*. Il a tous les demi-tons, excepté 𝄢 Les notes les plus élevées résonnent comme une douce voix de Ténor. Mais les plus graves sont presque sourdes, et plutôt usitées seulement à l'unisson du Violoncelle, ou comme basse des autres instruments à vent. Des simples mélodies sont les plus convenables au Basson, quand on lui donne un Solo, attendu que cet instrument n'est pas bien disposé pour les passages rapides.

5. Le *Cor* (*Corno*) relativement a son timbre sonore, puissant et pourtant agréable, est un des instruments de musique les plus intéressants. Il possède plusieurs notes qui par suite de l'effet supérieur qu'elles produisent sont appelées *NOTES OUVERTES OU NATURELLES*. Ce sont

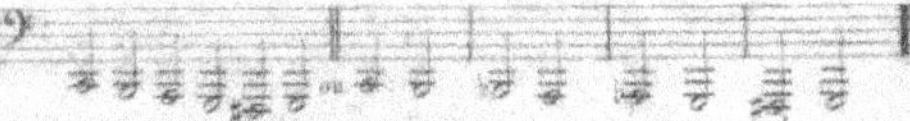

En outre il a tous les tons et les demi-tons depuis 𝄞 à 𝄞 qui pourtant sont nommées notes *BOUCHÉES* ou *ARTIFICIELLES*. Dans les temps modernes, le Cor a été tellement amélioré que ses notes artificielles résonnent aussi bien, et aussi fermes que les notes naturelles. Mais dans les compositions orchestrales, on n'emploie généralement que les notes naturelles, les notes artificielles n'étant usitées que dans les passages Solo, et même encore avec discrétion. L'octave moyenne, est celle qui produit le plus d'effet. Les cinq notes supérieures, et les cinq notes graves sont presque douteuses. Le Cor possède aussi à la basse, les cinq notes suivantes, qui cependant ne sont usitées que dans un mouvement piano.

Le Cor s'emploie dans tous les tons ordinaires, sa partie s'écrit toujours en *Ut* majeur, et le ton dans lequel il doit jouer est indiqué au commencement. En *Ut* majeur, le Cor résonne une octave plus bas que la notation ne l'indique, et dans les autres tons, il résonne une Septième, une Sixte, une Quinte, une Quarte, etc. plus bas. Par exemple, si le passage suivant est écrit:

Il résonnera, dans les différents tons, comme nous le montrons ici.

(1) Selon la gamme naturelle du Cor, cette note devrait être écrite sur le SECOND ESPACE, comme dans l'exécution elle résonne seulement une Quinte (et non pas une douzième) au-dessous de la note suivante. Il serait grandement à désirer que les compositeurs rectifiassent cette absurdité.

2874. B.

Il y a en Si bémol, comme on peut le voir des Cors hauts et bas. Mais le premier étant trop aigre, le dernier est plutôt usité dans l'orchestre. Le ton pour lequel sont réclamés les Cors, est indiqué au commencement du morceau; par exemple 2 Cors en Ré, 2 Cors en Fa, etc.

Le Cor peut être employé très fort, et aussi très doux. La tonique et la dominante peuvent y retentir aussi vigoureusement que la Trompette.

De lentes et simples mélodies, des notes soutenues ou longues commençant et diminuant graduellement de son, produisent sur le Cor les plus beaux effets. Les passages rapides doivent être évités dans la composition orchestrale. Le Cor n'ayant pas de tons mineurs, on doit s'abstenir avec soin d'introduire la tierce mineure dans sa partie quand l'œuvre est écrite dans dans le mode mineur. Les autres notes naturelles sont généralement suffisantes. On doit de plus observer, que les Cors peuvent changer de ton pendant l'exécution d'un morceau; par exemple, s'il commence en *Ré* majeur, si l'on veut donner aux Cors un passage en *Fa* majeur il faut intercaler un certain nombre de pauses, afin de donner le temps convenable pour faire le changement et l'on ajoutera le mot *Corni: Muta in F.* Au retour du ton primitif on prendra la même précaution.

6. La *Petite Flûte*, (*Flauto Piccolo*) s'étend de  jusqu'à et renferme tous les demi-tons. Elle résonne, cependant, une octave plus haut, et par conséquent elle est l'instrument le plus élevé de l'orchestre. Mais comme son timbre est perçant, et même trivial, on l'emploie rarement, dans les compositions orchestrales sévères, telles que la Symphonie. Cependant dans les Opéras, et dans certaines autres compositions, elle produit un très grand effet.

C. AUTRES INSTRUMENTS A VENT

ET INSTRUMENTS A PERCUSSION

1. La *Trompette* (*Clarino* ou *Tromba*) a les notes suivantes.

Les Trompettes, de même que les Cors, sont toujours écrites en Ut majeur; le ton dans lequel elles doivent jouer est indiqué au commencement du morceau. Les tons les plus ordinaires sont *Ut* majeur, *Ré* majeur, *Mi ♭* majeur, *Fa* majeur, et *Si ♭* majeur. Quand on emploie la Trompette dans d'autres tons on prend l'un de ceux qui vient d'être indiqués. Ainsi comme les Trompettes en Ut renferment aussi la tonique et la dominante, de Sol majeur. Elles suffisent pour le ton de Sol majeur ou mineur. De même, dans le ton de La on emploie la Trompette en Ré. Les sons produits par les Trompettes en Ut correspondent à la notation. Mais dans les autres tons, ils sont à la distance d'une Seconde, d'une Tierce, ou d'une Quarte. Par Ex:

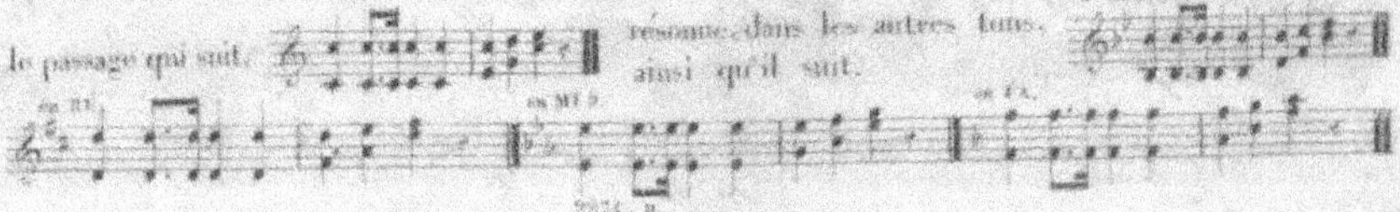

Le son de la Trompette est aigu, et perçant, il sert à renforcer à augmenter et rehausser l'effet dans les passages Forte. Toutefois il peut aussi être employé Piano. Les deux notes les plus élevées 𝄞 sont tellement aigres, qu'elles sont rarement usitées.

C'est plutôt un avantage qu'un défaut pour la Trompette d'orchestre d'avoir si peu de notes; car s'il était possible de l'employer plus fréquemment, l'important effet de son entrée dans des passages convenables et la décision du ton principal seraient presque perdus. Il faut faire la même observation pour les Cors.

2. L'on a récemment inventé des *TROMPETTES A CLEFS ET A PISTONS* qui peuvent produire tous les demi-tons depuis 𝄞 jusqu'à 𝄞 [1] Elles sont très en usage dans la musique militaire et de danse, et dans un temps plus éloigné elles seront peut-être généralement employées dans les grandes compositions orchestrales.

Sur ces instruments, toutes les mélodies piquantes, aussi bien que des figures traits et passages raisonnablement Staccato, peuvent effectivement être exécutés, car leur timbre est plus puissant que celui du Hautbois et de la Clarinette, et encore, est il tellement modifié par les Clefs qu'il est en quelque sorte moins grêle et moins perçant que celui de la Trompette ordinaire. On emploie ces instruments dans tous les tons, mais leur musique est toujours écrite en Ut. Une *SEULE* de ces Trompettes à clef est usitée dans l'orchestre outre les Trompettes ordinaires.

Nous devons généralement observer ici, que les instruments à vent reçoivent sans cesse de grandes améliorations. Le Cor, par exemple, a été tellement perfectionné au moyen des clefs et des pistons, que l'on peut maintenant exécuter sur cet instrument presque tout ce qui est compatible avec son timbre rond et plein. Le compositeur doit donc, toujours prendre note de ces changements, consulter les artistes expérimentes, et s'entendre avec eux quand il se présente une occasion d'écrire quelque chose d'un caractère nouveau.

3. Le *CORNET A PISTONS* est un instrument d'invention récente, et possède dans son état le plus parfait (avec trois pistons ou coulisses) une étendue de 𝄞 à 𝄞 renfermant tous les demi-tons. Les notes extrêmes, néanmoins, ne sont que peu usitées. La partie la plus brillante de l'instrument étant de 𝄞 à 𝄞

La partie du Cornet à pistons peut être écrite dans les tons, de *Si ♭, La, La ♭, Sol, Sol ♭, Fa, Mi, Mi ♭ Ré, Ré ♭*, qui résonnent respectivement en Seconde majeure, Tierce mineures, Tierce majeure, et ainsi de cette façon à une Septième plus bas que la notation. Mais pour un morceau en *Ut* même, le Cornet à pistons en *Sol* est généralement usité, et sa partie s'écrit dans le ton de *Fa*.

Tous les passages et mélodies simples qui sont praticables sur la Trompette à clefs et à pistons peuvent aussi s'écrire pour cet instrument.

---

(1) Aujourd'hui on se sert également des Trompettes à coulisses auxquelles s'appliquent néanmoins les remarques précédentes.

4. Les *TIMBALES* (*TIMPANI*) n'ont que deux notes. Savoir la Tonique et la Dominante que l'on peut employer dans tous les tons.

On peut en conséquence, faire usage de celles des deux notes qui nous convient, dans les limites des deux Fa. La notation est généralement *Ut Sol* ou *Sol Ré*. Le ton dans lequel doivent être accordées les Timbales étant indiqué au commencement du morceau. On les frappe, toutes deux, *FORTE* et *PIANO* et l'on y exécute de simples traits de toutes sortes de rhythme, aussi bien que le roulement ou trille brisé. Ce dernier est indiqué de la manière suivante.

En exécutant avec les Trompettes, les Timbales produisent beaucoup d'effets qui leur sont propres comme par Exemple.

5. Les *TROMBONES* . (*TROMBONI*) Il y a 3 Trombones qui tous les trois sont généralement usités dans les grandes compositions orchestrales.

(A) Le *TROMBONE ALTO* dont l'étendue est de

(B) Le *TROMBONE TÉNOR* dont l'étendue est de

(C) Le *TROMBONE BASSE* dont l'étendue est de

Les Trombones ont tous les demi-tons, et peuvent par conséquent jouer dans tous les tons les tons qui sont indiqués au commencement selon la coutume.

L'effet des Trombones est grand solemnel et important. Ils sont très avantageusement employés dans les très grands orchestres et les compositions de haute portée, en trois sections, pour renforcer l'harmonie. Dans ce cas le Trombone Basse marche à l'unisson de la Contre-Basse. Quoiqu'ils soient capables d'exécuter quelques passages rapides, les accords plaqués soutenus sont encore ce qui leur convient le mieux.

Bien que l'on se serve d'une clef différente pour chaque Trombone, le 2ᵐᵉ ou Ténor, peut aussi être écrit à la clef de Basse. De même pour ménager l'espace, on peut écrire les trois Trombones sur une seule portée, la clef de Basse alors servira pour tous ou dans les positions élevées, la clef de Ténor. Ex:

Dans le Trombone Alto et Ténor, on évite les trois ou quatre plus basses notes.

6. Le *Cor Anglais* s'étend de [notation] à [notation] et possède tous les demi-tons excepté le
Fa ♯ grave [notation] On l'emploie très rarement, et en général, il ne sert que dans certaines
compositions d'Église. Il a un timbre doux, triste et mélancolique, il est ordinairement joué
par les Hautboistes. Sa musique s'écrit une quinte juste plus haut que le son réel. Par Ex_
emple, en *Sol*, quand, il doit jouer en *Ut* ou en *La* mineur, lorsque la composition est
en *Ré* mineur.

7. Dans les grands orchestres, on emploie encore les instruments suivants.

(A) La *Grosse Caisse* (*Gran Cassa*)

(B) Les *Cymbales* (*Piatti*)

(C) Le *Triangle* (*Triangolo*)

Ce sont purement des instruments d'effet qui n'ont pas de timbre déterminé et qui
par conséquent ne conviennent à aucun ton. On les écrit de la manière ci-après.

Dans les Opéras ils produisent un grand effet, lorsqu'ils sont employés à propos. Par Ex_
emple, dans *l'Enlèvement du sérail* de Mozart (*Il seraglio*) et plusieurs autres Opéras mo_
dernes Italiens et Français. En musique prosaïquement instrumentale, ils devraient être seule_
ment employés dans les occasions vraiment spéciales et conformément à la règle comme l'a
fait Haydn dans sa symphonie militaire, ou Beethoven dans le Finale, de la 9.me symphonie
en *Ré* mineur.

Enfin, les trois instruments qui vont suivre, appartiennent exclusivement à la musique mili_
taire, aussi bien que quelques autres dont nous parlerons lorsqu'il en sera temps.

1. La *Petite Flûte en Mi* ♭. (*Flauto Piccolo en Mi* ♭) Son étendue est de [notation] à
[notation] renfermant tous les demi-tons. Elle vibre, néanmoins, à une 9.me mineure plus
haut que la notation, et ainsi, sa véritable étendue est de [notation] à [notation] On écrit en *Ré*
quand elle doit jouer en *Mi* ♭.

2. La *PETITE FLÛTE EN FA* (*FLAUTO PICCOLO EN FA*) a la même étendue que la précédente,
mais elle joue un ton entier plus haut. En conséquence, elle s'étend de   à
et on écrit sa partie en *RÉ*, quand elle doit jouer en *FA*.

3. La *FLÛTE OCTAVE* déjà décrit Page 8.

4. La *PETITE CLARINETTE EN FA*, est une Quarte juste plus haute que la Clarinette ordinaire en *UT*. Son étendue est de   à   elle joue ainsi   On écrit
en *UT* quand elle doit jouer en *FA*.

5. La *PETITE CLARINETTE EN MI ♭*, qui est une Tierce mineure plus haute que celle
en *UT*. Son étendue est de   à   qui résonne ainsi   On écrit en
UT quand elle doit jouer en *MI ♭*. Dans tous ces petits instruments les notes les
plus basses sont les plus faibles.

6. Le *SERPENT*. Son étendue est de   à   Il suit les mêmes règles que le
Basson.

7. Le *DOUBLE BASSON*. (*CONTRA FAGOTTO*) Cet instrument se traite exactement comme la Contre Basse. Il a la même étendue, et résonne, comme elle une octave
plus bas que la notation.

8. L'*OPHICLÉÏDE*. L'invention moderne de cet instrument a comblé un vide. Car
autrefois la musique composée pour des instruments à vent, manquait toujours de force,
à la Basse. Les Bassons étant trop faibles et les Trombones trop durs. L'Ophicléïde
possède tous les demi-tons dans son étendue naturelle de   à   Elle rend
des sons forts et produit dans les passages *FORTE* où cela est à propos, les
notes lentes qui sont la base de l'harmonie on peut l'employer par cette raison dans le grand Opéra et dans l'Oratorio.

9. Nous avons encore à mentionner, dans la musique militaire, le *TAMBOUR* ordinaire
et le *CHAPEAU CHINOIS* tous deux écrit comme il suit.

La musique militaire n'a pas d'instruments à cordes ni Timbales, (1) mais l'har_
monie est complète par un nombre quatre fois plus grand de Hautbois, Clarinet_
tes, Bassons, etc: etc:

CHAPITRE II.

ÉNUMÉRATION DES INSTRUMENTS

QUI COMPOSENT UN ORCHESTRE.

Un Orchestre ordinaire mais complet, se compose des instruments suivants.

De 6 à 10 1.ers Violons.

De 6 à 10 2.mes Violons.

De 4 à 6 Altos.

De 4 à 6 Violoncelles.

De 3 à 4 Contre Basses.

2 Flûtes.

2 Hautbois.

2 Clarinettes.

2 Bassons.

2 Cors. (Quelquefois même 3 ou 4)

2 Trompettes.

Timbales.

A ces instruments s'ajoutent un deux ou trois Trombones, aussi bien qu'une Flûte Octave dans les grandes et brillantes compositions.

L'ordre dans lequel sont placés les instrument l'un au-dessus de l'autre
dans la partition est variable, et dépend de ce que le compositeur a déterminé
d'abord et qu'il a jugé plus commode pour exercer sur l'ensemble une surveil_
lance rapide.

Voici des exemples des trois manières les plus usitées.

---

(1) Autrefois dans la musique militaire de la Garde impériale à cheval Il y avait des Timbales, car le timbalier Lemoine faites sa culcant dans Madrid lorsque Napoléon y fit son entrée.

N.I.
FLÛTE ENCHANTÉE.
MOZART.
Adagio.
1er Violon.
2me Violon.
Alto.
2 Flûtes.
2 Hautbois.
2 Clarinettes en si ♭.
2 Bassons.
2 Cors en mi ♭.
2 Trompettes en mi ♭.
Timbales en mi ♭, si ♭.
1er Trombone Alto.
2me Trombone Ténor.
3me Trombone Basse.
Violoncelles.
Basses.

N.º 2.
FIDELIO.
BEETHOVEN.
Allegro.
2 Flûtes.
2 Hautbois.
2 Clarinettes en La.
2 Bassons.
1.er et 2.e Cors en Mi ♯.
3.e et 4.e Cors en Mi.
2 Trompettes en Ut.
Timbales en Mi, Si.
Trombone Ténor.
Trombone Basse.
1.er Violon.
2.e Violon.
Alto.
Violoncelles.
Basses.
2874. R.

N.° 3.
MÉDÉE.
CHERUBINI.
Allegro.
Timbales 2D FA, UT.
2 Cors en Fa.
2 Cors en Mi♭.
2 Flûtes.
2 Hautbois.
2 Clarinettes en Mi♭.
2 Bassons.
Col Basses
1.er Violon.
2.e Violon.
Alto.
Violoncelles.
Basses.
Col V.celles
2571. H.

Dans le 1.er Exemple, les Violons et l'Alto sont placés en tête, le Violoncelle et la Contre Basse occupent les dernières portées. Les instruments à vent sont immédiatement sous les instruments à cordes les plus élevés, et au-dessous de ceux-ci encore viennent les instruments de cuivre et les Timbales.

Dans le 2.e Exemple, les instruments à vent sont placés en tête. Après eux sont les instruments de cuivre et les Timbales, et les instruments à cordes entièrement réunis occupent les dernières portées.

Dans le 3.e Exemple, les Timbales et les instruments de cuivre occupent les portées supérieures de sorte que les instruments à vent se trouvent dans le milieu, et que le Quatuor des instruments à cordes est sur les portées inférieures. Quand des parties vocales sont ajoutées à une semblable partition, elles se tiennent toujours conjointes au-dessus du Violoncelle. D'après les trois Exemples ci-dessus, l'élève peut donc déduire les règles suivantes.

1.° Les Violoncelles et Contre Basses sont toujours placés au bas de la partition parce que c'est sur eux que repose l'édifice harmonique.

2.° Au lieu de 2 Cors on en emploie quelquefois quatre, dont deux sont dans un autre ton. Les Trompettes peuvent cependant être employées aussi; quoique dans le 3.e Exemple, elles aient été omises avec intention par le compositeur.

3.° Pour une composition en Mi majeur, on se sert des Trompettes en Ut, parcequ'elles peuvent au moins donner la Tonique Mi.

4.° Dans les sauts, vifs, rapides, et successifs on préfère laisser reposer les Trombones, attendu qu'ils ne sont pas propres à ce genre de musique.

5.° Dans le ton de Fa. Par Exemple, les Timbales prennent le Fa supérieur, au lieu du Fa inférieur. Savoir 𝄢 au lieu de 𝄢 Ce dernier, néamoins est plus important et aussi plus usité.

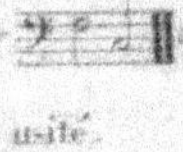

6.° Dans les phrases à grand effet, les deux Bassons procèdent tout à fait à l'unisson avec les Contre Basses, et au moyen du terme *Col Basso*, on s'épargne la peine de recopier la partie aussi longtemps que cet unisson continue.

Lorsqu'en agissant d'après le conseil réitéré que nous avons donné, l'élève met en partition des parties détachées d'orchestre, comme moyen d'exercice, nous lui recommandons dans tous les cas d'adopter l'ordre du 1.er Exemple, par *Mozart*.

CHAPITRE III.

DE LA MANIÈRE PARTICULIÈRE D'EMPLOYER

LES INSTRUMENTS D'ORCHESTRE.

Un orchestre complet se divise en deux parties ou masses; la 1.re comprend les instru_ments à cordes, que l'on appelle, par abréviation le *Quatuor*. La 2.e comprend les instru_ments à vent que l'on nomme ordinairement l'*Harmonie*. (1) Les instruments de cuivre et à percussion ne forme qu'un supplément pour augmenter l'effet musical.

Les nombreuses combinaisons de tous ces instruments, peuvent être ramenées aux quatre principales catégories suivantes:

A.   Les instruments à cordes seuls.

B.   Les instruments à vent seuls.

C.   Les deux masses réunis.

D.   Enfin, chaque masse, spécialement seule, tandis que quelques instruments, plus ou moins nombreux de l'autre masse, l'accompagnent.

Quoique les instruments à vent, par la variété et la douceur de leur timbre, surpassent de loin le Quatuor; les instruments à cordes, forment néanmoins, la base fondamentale et la masse principale de toute composition orchestrale bien conçu, excepté dans ces morceaux par_ticuliers où, le contraire a lieu avec intention de l'artiste et par des raisons spéciales. Une composition vaste et bien remplie, comme une Symphonie ou une Ouverture, serait donc d'après cela très défectueuse, si quelques unes des pensées qui doivent prédominer ou du moins quelques passages n'étaient pas écrits en partie pour le Quatuor tout à fait seul et en partie de telle manière que dans leur exécution sous les deux rapports de l'harmonie et de la mélodie les instruments à vent ajoutés puissent se dispenser tout à fait de pren_dre part à l'exécution.

Cette règle fondamentale est basée sur les considérations suivantes.

1.º Le 1.er Violon dirige à la fois tout l'orchestre, et ne doit presque jamais être considéré comme instrument subordonné et d'accompagnement, ni rester entièrement silencieux.

2.º L'emploi continuel des instruments à vent occasionne une fatiguante monotonie.

3.º Un bien plus haut degré de *Piano*, est possible pour le Quatuor, plutôt que par les instruments à vent.

4.º Par une combinaison incessante des deux masses, on court le danger de produire la sa_tiété et le manque de clarté.

5 Tous les passages vifs et brillants ne peuvent en général convenir qu'aux seuls instru_ments à cordes. Voyez l'exemple suivant.

---

(1)

SYMPHONIE en SOL MINEUR.

MOZART.

20
81
2874. R.

Le thème doux et pathétique est ici comme on peut le voir d'abord exécuté par le Quatuor seul. Puis dans la 14e mesure l'intérêt est de plus en plus augmenté par l'entrée des trois instruments à vent et d'une contre mélodie, dont l'effet n'aurait pas été à beaucoup près aussi grand, si quelqu'instrument à vent avait pris part au thème. Les accords qui suivent donnés par toute la masse des instruments à vent sont suffisamment forts pour n'être pas couverts par l'unisson du Quatuor. La cadence exécutée par les Bassons (à la 20e et 21e mesure) et qui ramène le thème est très belle. L'harmonie soutenue des Hautbois et des Bassons durant la répétition du motif principal est uniquement employée pour augmenter l'effet jusqu'à l'explosion d'un puissant *Tutti* qui entre à la 28e mesure. Les règles et remarques suivantes peuvent se déduire de cet exemple.

1°. L'accompagnement de la Viole (Alto) est à deux parties et les artistes doivent se les partager de telle manière en jouant cet accompagnement, que l'un deux exécute la partie supérieure et l'autre la partie inférieure. Quand on désire diviser la partie d'Alto de cette manière, on écrit les queues des doubles notes en haut et en bas, comme dans l'exemple. Les Violoncelles peuvent pareillement se diviser en deux parties différentes, et dans les compositions modernes, les premiers et seconds Violons même sont ainsi partagés (et pour l'indiquer, on emploie le mot *Divisi*) quoique le dernier cas se rencontre rarement, et dans le but d'obtenir quelqu'effet particulier. Une harmonie à huit ou neuf parties peut donc être produite uniquement par le Quatuor seul.

2°. Les deux Cors se placent sur différents tons pour obtenir un plus grand nombre de notes *Naturelles*.

3°. La Symphonie dont nous avons donné le commencement est une des plus grandes et des plus belles de Mozart, et encore n'est elle écrite que pour un petit orchestre; car elle manque de Clarinettes et d'une seconde Flûte, aussi bien que de Trompettes et de Timbales. On doit en conclure que tous les moyens dont on peut disposer et les effets bruyans ne sont pas nécessaire pour produire ce qui est grand et beau. Une pareille œuvre est bien plutôt le fruit des pensées et de leur élaboration.

4°. Il y a donc de petits et de grands orchestres, et le compositeur doit se souvenir en outre, que tous les exécutants ne sont pas toujours des virtuoses, et que c'est par conséquent pour lui un double avantage, de produire de beaux effets sans introduire de grandes difficultés.

Plus l'orchestre est grand, plus le compositeur doit avoir soin d'y conserver la clarté. L'élève aura remarqué que même dans la combinaison de trois ou quatre instruments comme dans le trio de Piano forte, une harmonie confuse arrive bientôt, si les parties n'en sont pas convenablement disposées. Cela a lieu particulièrement, quand les instruments à vent se croisent trop l'un l'autre, et agissent étroite position de l'harmonie. Confuse plus encore ce danger devient imminent lorsqu'on met en mouvement des masses telles que le grand orchestre!!! C'est pourquoi aucune composition ne produira jamais un bon effet, si elle contient trop de détails et de parties différentes, un accompagnement surchargé de trop rapides changements d'accords, et enfin une harmonie dont les parties inférieures couvrent les idées mélodiques. Dans les grandes salles de concert de telles fautes ne produisent qu'un bruit confus; rien n'est donc plus important que de procéder dans la conception et l'élaboration de nos idées, sur une échelle aussi large que possible, comme aussi de rester simple et clair dans la réunion de toutes les puissances de l'orchestre.

On est certain d'obtenir de bons effets en observant les règles suivantes.

1. Progressions larges et régulières.

2. Passages vigoureux à l'unisson.

3. Une mélodie noble et bien conçue, qui n'exige point d'ornements pour la rendre intéressante.

4. Une grande et quelquefois mélodieuse progression de la Basse, de sorte qu'elle ne soit pas toujours un simple accompagnement.

5. L'emploi alternatif et aussi réuni des deux grandes masses, pourvu qu'il ne dure pas trop longtemps, et ne dégénère pas en un pur vacarme.

6. De petits, mais non pas trop brillants ni prétentieux passages Solo pour les seuls instruments à vent, avec un accompagnement qui ajoute à l'intérêt.

7. Apporter un grand soin dans l'emploi des notes de passage, dans l'accompagnement des parties intérieures, de même qu'éviter l'âpreté de l'harmonie.

8. Une disposition exacte et bien proportionnée des parties intérieures, aussi bien dans l'harmonie large que dans l'harmonie serrée.

9. On obtient plutôt la plénitude, la puissance d'effets en doublant les parties du Quatuor que par une addition hétérogène de parties intérieures aux octaves supérieures.

10. Éviter une trop rapide succession de plusieurs harmonies contraintes et dissonantes.

11. Employer à propos la réunion ou la succession du *Staccato* et du *Legato*, particulièrement dans le Quatuor.

12. L'usage modéré du *Pizzicato*, conjointement avec les instruments à vent.

13. Introduire bien à propos des instruments de cuivre et des Timbales.

14. Éviter des mouvemens et mesures trop difficiles, et qui rendent l'entrée exacte des instruments incertaine.

15. Dans les passages rapides assignés au Violon, un accompagnement clair et bien déterminé qui ne cause aucune obscurité aucun désordre, etc. etc.

Les combinaisons du Quatuor avec un ou plusieurs instruments à vent sont très nombreuses, et chacune d'elles produit un effet différent.

1. Lorsqu'un instrument à vent est ajouté à quelqu'une des parties du Quatuor (plus fréquemment au premier Violon) il faut que cette partie double soit à l'unisson, soit à l'octave supérieur ou inférieur.

2. Quand cet instrument à vent est employé sans connexion avec le Quatuor, il exécute une partie séparée ou de longues notes soutenues, ou même de rapides passages.

3. Enfin, quand un Solo réel est assigné à l'instrument à vent, c'est le Quatuor qui exécute l'accompagnement.

Ainsi, par exemple, le 1er Basson peut doubler la Basse soit à l'unisson, soit à une octave plus haut. Il peut marcher avec une des parties intérieures, ou ce qui est mieux, doubler le 1er Violon à l'octave au-dessous. Enfin il peut aussi exécuter des notes seulement en harmonie avec le Quatuor, ou bien un Solo véritable.

La même chose est admissible pour la 1re Clarinette et le Hautbois, seulement ceux-ci ne marchent jamais avec la Basse, mais agissent probablement à l'unisson avec les parties intermédiaires et supérieures du Quatuor. Dans les mélodies douces et gracieuses, on évitera de mettre le Hautbois si aigu en unisson avec le 1er Violon, cela est préférable à l'octave supérieure.

La Flûte est bien propre à marcher avec le 1.er Violon, soit à l'unisson, soit à l'octave au dessus, car elle modifie agréablement le son des Violons. Tous ces instruments peuvent néanmoins
exécuter de petits Solos.

Le Cor ne peut exactement se maintenir avec le Quatuor dans les phrases actives, mais il
exécute des notes soutenues dans les parties intermédiaires, ou de petits Solos, afin de rehausser l'effet général. Ajoutons que le Quatuor ne s'emploie pas toujours tout entier. Par exemple,
il y a des cas où les Violons exécutent avec la Flûte ou la Clarinette un passage à trois parties, ou les Violoncelles séparement avec un seul Cor, etc: etc:

Il est encore des combinaisons plus nombreuses, par exemple, lorsque deux ou plusieurs instruments à vent sont ajoutés au Quatuor, comme Basson et Flûte, Clarinette et Cor, Flûte et Hautbois, etc: etc:

Cependant lorsque plusieurs instruments à vent sont employés ensemble, il faut bien observer la règle générale (déjà donnée dans le traité de musique vocale) qu'ils doivent former une
harmonie correcte entr'eux, et indépendamment de la Basse et du Quatuor. Le passage suivant serait mauvais.

Il ne serait pas meilleur quand même les Violons iraient à l'unisson avec les Hautbois.
Car, comme les derniers ont un timbre tout différent des basses du Quatuor, le mauvais effet
des Quartes serait encore plus sensible, et ne pourrait être corrigé qu'en mettant un Basson
en unisson avec la Basse.

Mais quand les instruments à vent reçoivent une harmonie, qui peut même parfois subsister
seule, on peut donner à la basse du Quatuor une marche entièrement différente, sans être obligé
de doubler celle-ci par aucun autre instrument. Exemple.

Comme la Contre-Basse résonne une octave plus bas que le Violoncelle, la Basse est ici
suffisamment pleine. Une mélodie consistant en petites phrases détachées, peut se distribuer
entre plusieurs instruments à vent particuliers, pour être exécutée par eux l'un après l'autre. Mais ceci doit avoir lieu de manière à ne pas rendre l'exécution trop difficile et incertaine. Outre cela, quelques thèmes peuvent aussi être exécutés alternativement tantôt par
le Quatuor seul, tantôt par les instruments à vent, ce qui forme une sorte de dialogue entre les deux masses. En voici quelques Exemples.

N.º 1.

FINALE de la SYMPHONIE. N.º 3.

Allegro

HAYDN.

Flûte.

Basson.

1.er Violon.

2.d Violon.

Alto.

V.lle et
C. Basse.

SYMPHONIE en RÉ
BEETHOVEN
N.° 2.
Larghetto
2 Cors. en Mi.
2 Flûtes.
2 Hautbois.
2 Clarinettes en La.
2 Bassons.
1.er Violon.
2.d Violon.
Alto.
Violoncelle.
Basse.
2874. H.

28

SYMPHONIE HÉROIQUE

SYMPHONIE en SOL MINEUR.

N. 4.

MOZART.

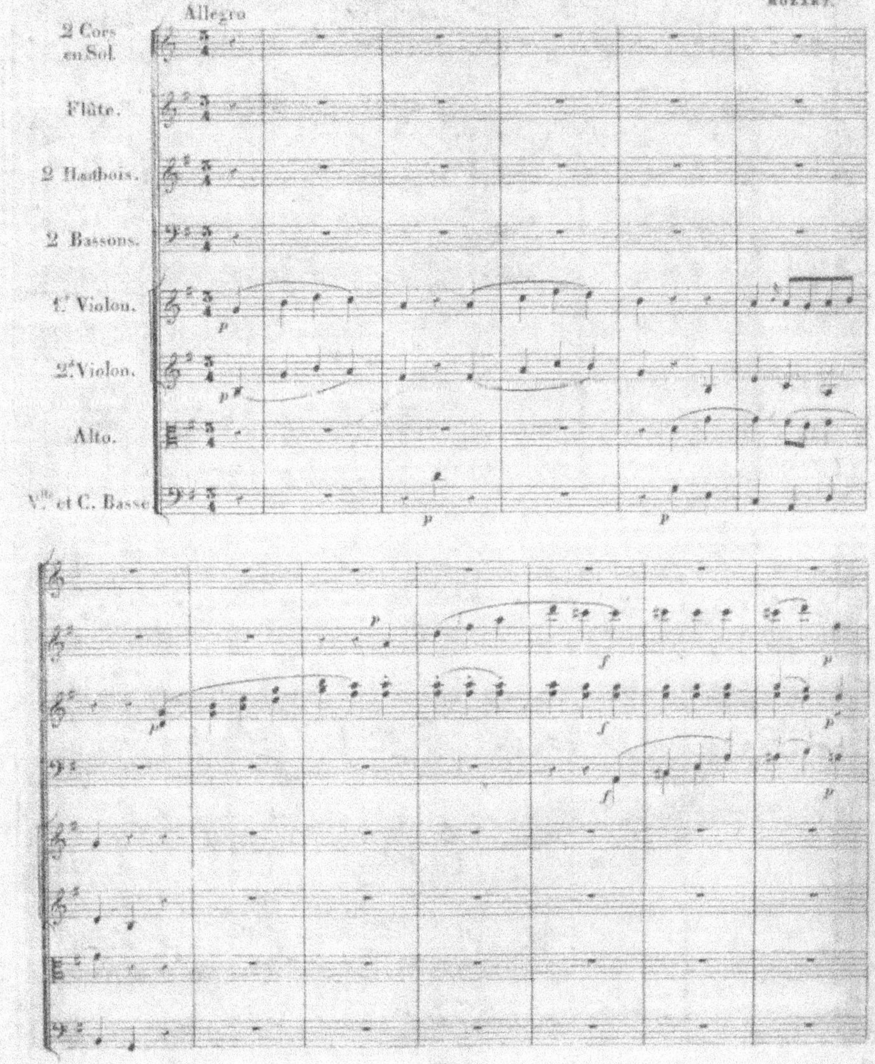
Allegro
2 Cors en Sol.
Flûte.
2 Haubois.
2 Bassons.
1r Violon.
2d Violon.
Alto.
Vlles et C. Basse.
p
f

2874 R.

Dans le 1.ᵉʳ EXEMPLE on voit comment se réunit un Basson au 1.ᵉʳ Violon dans l'exécution de ce gracieux thème à l'octave audessous. D'ailleurs, il faut aussi observer que cet exemple est tiré du milieu du morceau car, au commencement le même thème s'exécute sans aucun instrument à vent.

Ensuite, le double du thème est pris par la Flûte au lieu du Basson, à l'octave supérieure. La seconde partie est jouée par le quatuor seul après quoi, le thème est répété à la fois par la Flûte et par le Basson, réunis au premier Violon et par conséquent dans 3 octaves. De tels doublements produisent l'heureux effet des variations, sans aucune altération du thème.

Nous ajouterons une observation à ce que nous venons de dire c'est que la Viole (Alto) est quelquefois écrite plus haut que le second Violon. Cela est toujours permis lorsqu'on veut que le 2.ᵉ Violon prenne la partie intermédiaire la plus importante attendu que cette partie a un nombre égal d'exécutant avec les premiers Violons, et parce que le son de la Viole vibre un peu moins plein. Nous voyons aussi que partout où l'auteur veut que le quatuor soit seulement en 3 parties, l'une des parties intermédiaires est silencieuse, ou autrement la Viole marche avec le Violoncelle.

Dans le 2.ᵉ EXEMPLE, le thème mélodieux est d'abord joué par le quatuor sans la Contre-Basse. L'entrée de cette dernière à la 7.ᵉ mesure, produit un très bel effet. Après cela, les Clarinettes et Bassons au timbre doux reprennent le même motif, pendant que les Violons, par un trait plus rapide, forment une espèce de variation. Les Violoncelles et Contre-Basses prennent la Basse, et les Cors soutiennent efficacement la Dominante de l'harmonie tandis

qu'à la fin au moyen de ce passage deslors bien connu ils contribuent très heureusement à la cadence aussi dans ce but ont ils été écrits en si par l'auteur, quoique l'œuvre soit composée en LA.

De cette manière, la 2.ᵉ partie est également jouée deux fois à celle-ci succède une nouvelle mélodie que les instruments à vent et à cordes répètent et se renvoient l'un à l'autre et dans laquelle, à une dernière période, à la modulation en LA mineur, le Hautbois introduit une contre-mélodie fort attachante. La phrase brillante qui lui succède est Dominante répétée par plusieurs instruments à vent, et préparé ainsi à la modulation de la Dominante, au milieu du motif.

L'EXEMPLE N.º 3. montre une mélodie qui est distribuée alternativement entre quatre différents instruments, et forme une sorte de conversation, de dialogue, pendant que les Basses arrivent énergiquement au milieu d'eux, et qu'un accompagnement doux est exécuté par les parties intermédiaires du quatuor.

Dans l'EXEMPLE N.º 4, nous trouvons les instruments à vent employés imitativement comme une réponse au quatuor. Ici, en particulier, l'entrée deslors de la 2.ᵉ partie produit un bel effet; et à une période plus éloignée, la répétition d'une partie du thème par les instruments à vent conduit d'une manière non moins ARTISTIQUE qu'harmonieuse à la charmante et gracieuse conclusion.

CHAPITRE IV.

DES COMBINAISONS INUSITÉES.

DES DIFFÉRENTS INSTRUMENTS.

Nous avons jusqu'ici parlé des combinaisons ordinaires qui sont employées dans les compositions orchestrales. Mais dans les ouvrages où le compositeur peut dépendre d'un grand et nombreux orchestre (à l'Opéra par exemple) il peut aussi, accidentellement, se permettre même l'emploi inusité ou la combinaison extraordinaire de certains instruments, pour obtenir des effets particuliers. Ainsi, par exemple, les Violoncelles peuvent non seulement se partager en deux, mais encore en trois parties, de manière à former avec les Contre-Basses une quatrième partie d'harmonie.

Pareillement, trois ou quatre Cors peuvent se combiner, soit seuls, soit en conjonction avec les Bassons et autres instruments ; ils peuvent jouer diverses phrases mélodiques harmonisées. De plus, comme les deux Violons peuvent chacun se diviser en deux parties, on peut, par ce moyen conjointement avec l'Alto (également séparé) produire une harmonie à six parties dans les régions supérieures. Les trois Trombones peuvent de même être employés seuls, ou avec les autres instruments bruyants, pour produire des effets particuliers.

Une seule note puissante note soutenue par la Trompette ou le Cor *solo*, est quelquefois d'un très grand effet. Les Tambours même, peuvent recevoir un solo, soit en battements mesurés, soit en roulement *piano* ou *forte*.

L'emploi de moyens semblables, ou la création de nouveaux effets dépend du caprice et du talent du compositeur; qui doit uniquement observer que les combinaisons inusitées ne doivent être introduites que rarement et avec réserve, et enfin que les pensées qui leur ont donné naissance ne méritent qu'on recoure à de tels moyens qu'autant qu'elles sont tout-à-fait belles et originales. Car autrement, les auditeurs regretteraient de voir employer de pareils moyens pour exprimer des pensées vulgaires, médiocres et triviales.

En voici quelques Exemples:—

N.5.
SYMPHONIE PASTORALE.
Andante con moto
BEETHOVEN.
2 Cors.
2 Flûtes.
2 Hautbois.
2 Clarinettes.
2 Bassons.
1er Violon.
2d Violon.
Alto.
Violoncelles.
Basses.

ARIODAN. MEHUL.

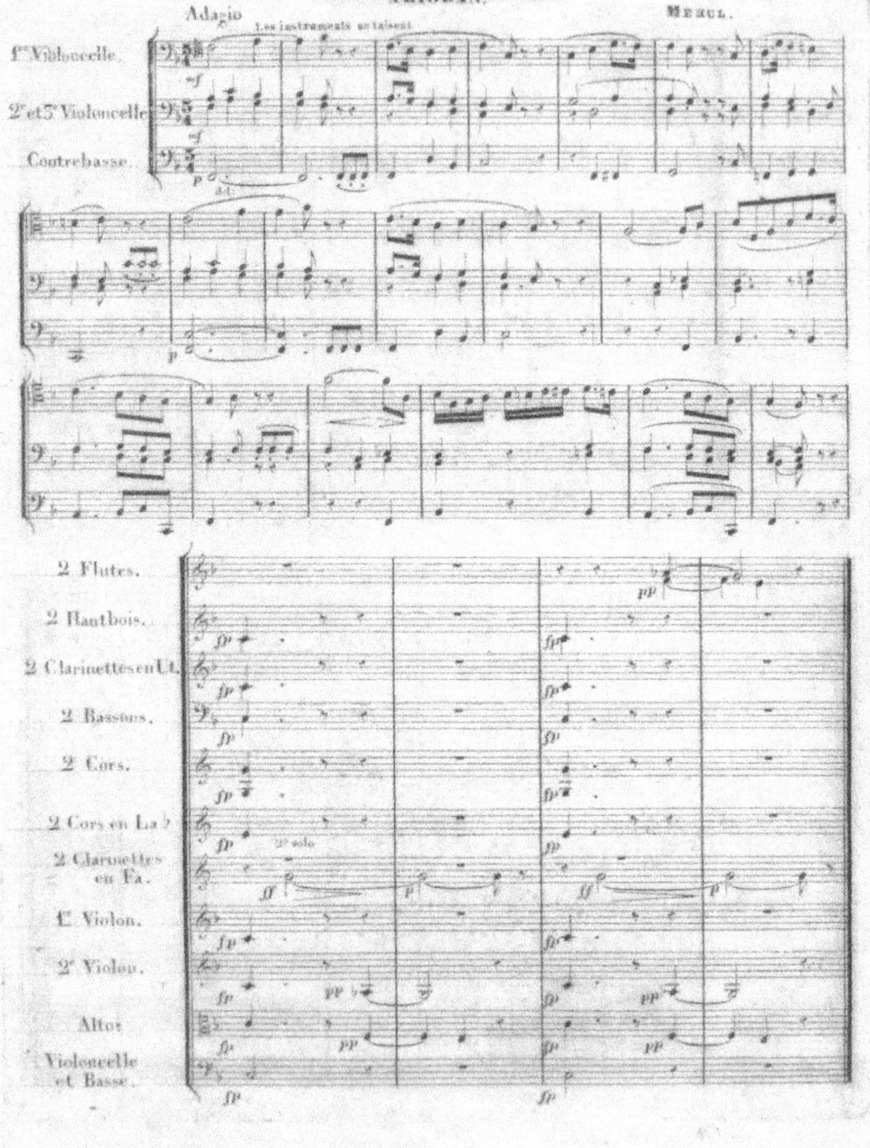
Adagio
Les instruments se taisent
1re Violoncelle.
2e et 3e Violoncelle
Contrebasse.
2 Flutes.
2 Hautbois.
2 Clarinettes en Ut.
2 Bassons.
2 Cors.
2 Cors en La ♭
2 Clarinettes en Fa.
2e solo
1er Violon.
2e Violon.
Altos
Violoncelle et Basse.

N.° 3.
SYMPHONIE HEROIQUE
BEETHOVEN.
Allegro
2 Hautbois.
2 Bassons.
1.er Cors en Mi ♭
2.e Cors en Mi ♭
3.e Cors en Mi ♭
1.er Violon.
2.e Violon.
Alto.
Violoncelle et Basse

42
N.º 4.
MARCHE HONGROISE.
BEETHOVEN. 
Maestoso. Les autres instruments se taisent.
2 Cors.
p
2 Bassons.
p
Timballe.
p
N.º 5.
CONCERTO POUR LE VIOLON.
BEETHOVEN.
Allegro non troppo.
2 Hautbois.
2 Clarinettes.
2 Bassons.
Timballe.
solo
1.er Violon.
2.e Violon.
Alto.
Violoncelle
et Basse.

N 6 Largo assai. ANACREON. CHERUBINI.

2 Flûtes.
2 Hautbois.
2 Clarinettes.
2 Bassons.
2 Cors.
2 Clarinettes.
Timballe.
1er Violon.
2e Violon.
Alto.
Violoncelle et Basse.

N° 7. **FANISKA.** CHERUBINI

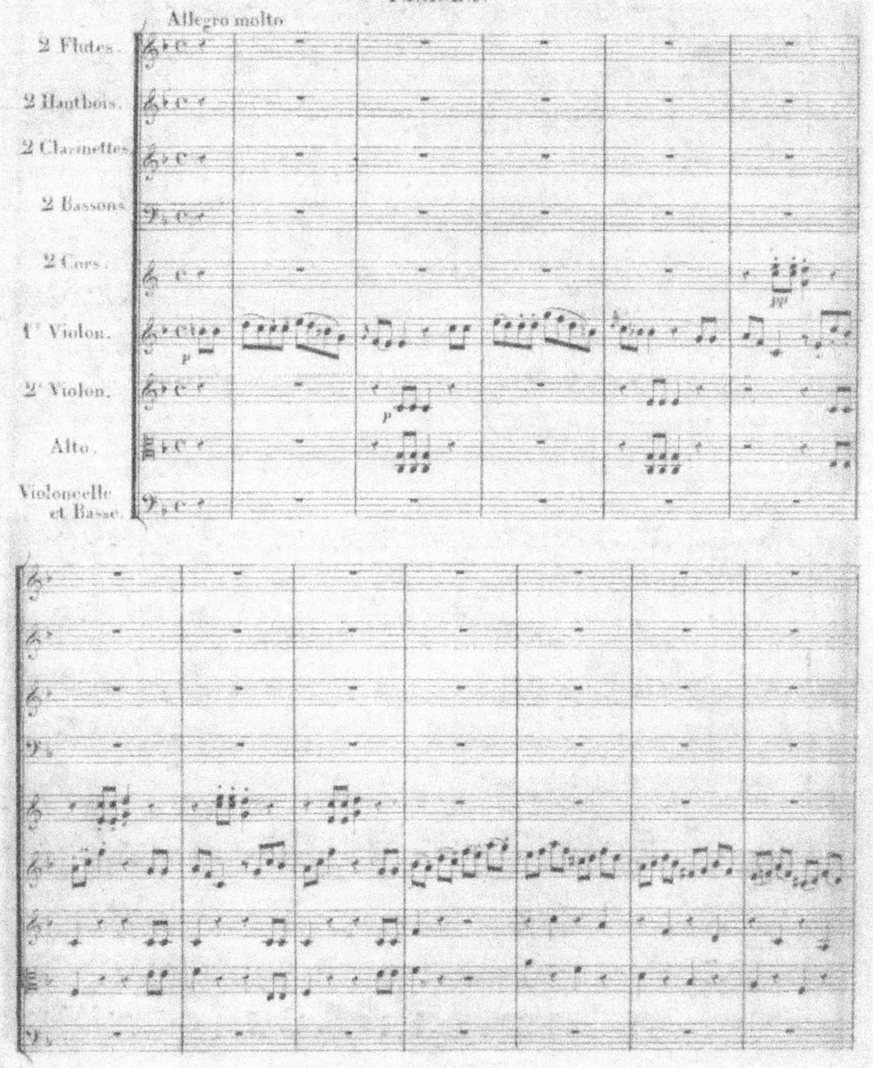
Allegro molto
2 Flutes.
2 Hautbois.
2 Clarinettes.
2 Bassons.
2 Cors.
1r Violon.
2d Violon.
Alto.
Violoncelle et Basse.
p
pp

Dans le 1.° *Exemple*, les Violoncelles, divisés exécutent ensemble avec les parties intermédiaires du quatuor un accompagnement ondulé, pendant que la mélodie est exécutée par le premier Violon, et la Contre-Basse *Pizzicato* avec les notes soutenues par les Cors, donne la basse. Ensuite les Violoncelles s'unissent à l'exécution d'une phrase animée et les instruments à vent reprennent le thème.

Dans le 2.° *Exemple*, les trois Violoncelles *soli* exécutent une mélodie ondulée et les autres Violoncelles jouent la basse avec les Contre-Basses. Plus loin, l'orchestre tout entier se fait entendre et les deux puissants retentissements de la Trompette produisent un effet des plus remarquable.

Dans le 3.° *Exemple*, les trois Cors sont employés seuls, les autres instruments, entrent seulement *Piano*, à la cadence. On voit ici, que dans la composition de la mélodie la nature de l'instrument pour lequel elle est réservée est toujours prise en considération.

Le N.° 4. offre une combinaison très brillante des Cors et des Bassons, pendant que les Tambours marquent la basse.

Le N.° 5. commence par un *Solo* de Tambour, qui introduit le thème. Puis les instruments à vent d'abord, et enfin les instruments à cordes exécutent la mélodie.

On peut aussi assigner quelquefois à plusieurs instruments à vent ou à cordes, une sorte de *Conversation*. Mais les idées, non moins que le passage où ils se rencontrent, doivent être mis dans un ordre tel que le tout ne puissent devenir faible, ni ennuyeux. Une semblable *Conversation* entre différents instruments peut à la vérité avoir lieu dans un degré de mouvement modérément vite, et alors elle exige, bien souvent une grande attention des exécutants pour n'être pas exagérée; car autrement, ils pourraient aisément s'égarer dans l'exécution de l'œuvre. Des deux derniers exemples, N.° 6. et 7. le premier après les puissants accords qui forment l'introduction contient une conversation concertante dans un mouvement lent dont la simplicité est extrêmement touchante et exige la plus grande aisance dans l'exécution.

Dans le 7.° *Exemple*, le passage concertant entre les instruments à vent et à cordes, est folâtre et d'un très bon effet mais le rapide mouvement *Alla breve* en rend quelquefois l'exécution incertaine. Ensuite vient un *Crescendo*, dans lequel, outre la puissance de son, le nombre des artistes est aussi constamment augmenté, d'une manière bien entendue jusqu'au *Fortissimo*.

CHAPITRE V.

DE L'EMPLOI DE TOUS LES INSTRUMENTS A VENT COMME MASSE SÉPARÉE, ET DE LEUR UNION AVEC LE QUATUOR DANS LES PASSAGES *TUTTI.*

L'ensemble des instruments à vent forme en totalité une harmonie très étendue et très pleine comme on peut le voir d'après l'accord suivant:

2 Flûtes.

2 Hautbois.

2 Clarinettes en UT.

2 Bassons.

2 Cors en UT.

2 Trompettes en UT.

Timbales en UT SOL.

Trombone alto.

Trombone tenor.

Trombone basse.

Un pareil ensemble peut naturellement jouer, indépendemment même du quatuor, tous les passages et périodes, accords variés successivement plaqués ou soutenus modulations etc. attendu que la majeure partie des instruments à vent a tous les tons à sa disposition. Le *Pianissimo*, ne peut aisément y être exprimé. Il n'en est pas cependant de même des *Piano, Crescendo, Diminuendo, Forte* et *Fortissimo*. Dans les grands passages, on doit avoir soin que la partie supérieure soit suffisamment énergique pour rendre la mélodie claire et intelligible. Les Trompettes sont les moins capables de modérer leur puissance de vibration, de sons quoique on puisse jusqu'à un certain point exécuter *Piano* et avec les Tambours, elles produisent un très grand effet.

Les deux masses peuvent aussi exécuter alternativement de puissants accords, qui (lorsqu'il y a un nombre suffisant d'instruments à cordes) s'égalisent convenablement l'un et l'autre. Par Ex:

SYMPHONIE en RÉ.

BEETHOVEN.

Nous donnons un Exemple où les instruments à vent jouent un passage plus considérable, et qui appartient aux plus beaux et aux plus saillants dans ce genre. On verra ici comment le compositeur a employé à cet effet les notes qui sont les plus convenables, pour faire ressortir l'harmonie pure et la noble mélodie de la manière la moins contrainte et la moins forcée.

52
Assai Moderato.
BEETHOVEN.
2 Flûtes.
2 Hautbois.
2 Clarinettes en si♭.
2 Bassons.
2 Cors en mi♭.
2 Trompettes en mi♭.
Timbales en mi♮ si♭.
1er. Violon.
2e. Violon.
Alto.
Violoncelle et Basse.
p

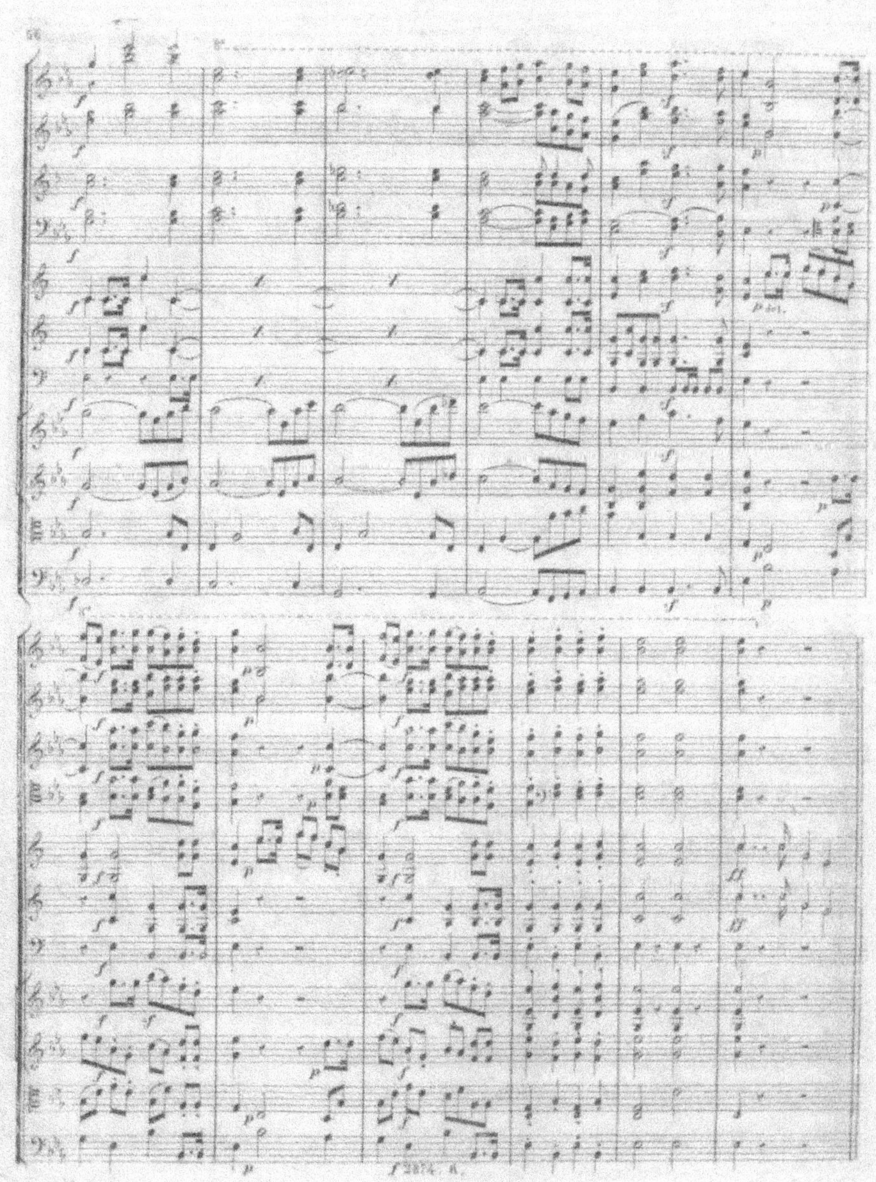

Une combinaison générale de tous les instruments se rencontre plus souvent dans le *Forte* ou le *Fortissimo* parce qu'elle est employée dans l'intention de produire l'effet le plus complet et le plus puissant. Elle peut avoir lieu de plusieurs manières, savoir:

A. Dabord à l'unisson.

B. En accords parfaits soutenus ou joués successivement.

C. Quand le quatuor exécute une mélodie ou un passage animé, tandis que les instruments à vent soutiennent des accords parfaits.

D. Dans des traits animés pour les instruments à vent, pendant que le quatuor joue en accords parfaits, on les soutient par un *Tremolando*.

Lorsque le 1.ᵉʳ Violon a un passage qui n'offre pas de grandes difficultés, le plus haut des instruments à vent peut marcher avec lui soit à l'unisson soit à l'octave supérieure les plus graves instruments renforçant l'accompagnement au moyen d'accords soutenus. Mais quand les phrases de la partie de violon sont trop rapides ou trop difficiles, on donne à tous les instruments à vent les accords soutenus, ou exécutés fréquemment et brièvement. Les Trompettes et Tambours secondent l'effet général partout où l'on peut les introduire pour fortifier l'harmonie, et où l'accord suivant ne forme pas un trop grand contraste. Les Trombones peuvent jouer toutes sortes d'accords qui ne changent pas trop brusquement, dans les trois parties. Dans ce cas, le Trombone basse marche toujours à l'unisson du quatuor ou de la basse du quatuor, quand cette dernière n'a pas trop de rapidité.

En composant une pièce fuguée pour l'orchestre, les parties principales doivent être primitivement assignées au quatuor. Alors, chaque partie peut être doublée si on le désire, par un instrument correspondant à l'unisson, et le 1.ᵉʳ Violon lui-même aussi bien que les parties intermédiaires, à l'octave. On donne accidentellement aux instruments de cuivre des notes qui s'accordent avec l'harmonie et font sentir davantage l'entrée du motif, particulièrement quand il se trouve à la basse.

Quand le quatuor a des passages d'une grande difficulté à exécuter, les instruments à vent sont beaucoup plus avantageux pour faire ressortir les accords soutenus de l'harmonie sur laquelle ils sont basés. On doit néanmoins éviter de donner à ces derniers trop de notes hétérogènes accessoires, car la clarté de l'ensemble pourrait être, par là aisément détruite si la fugue est bien travaillée pour le quatuor, les doublements sont suffisants pour produire l'effet désiré. En voici quelques exemples:

N.° 1.
SYMPHONIE N.° 9.
Allegro vivace.
HAYDN.
Flûte.
2 Hautbois.
2 Bassons.
2 Cors en si♭.
2 Clarinettes en si♭.
Timbales en si♭ et fa.
1er Violon.
2e Violon.
Alto.
Violoncelle et Basse.

N.º 2.
MOZART.
Allegro vivace.
Flûte.
2 Hautbois.
2 Bassons.
2 Cors en ut.
2 Trompettes en ut.
Timbales en ut, sol.
1.er Violon.
2.e Violon.
Alto.
Violoncelle et Basse.

N.5.
ANACREON.
CHERUBINI.
Allegro
2 Flûtes.
2 Hautbois.
2 Clarinettes en Ut.
2 Bassons.
2 Cors en Fa.
2 Cors en Ré.
Trompettes en Ré.
Timbales en La.
Trombone Alto.
Trombone Ténore.
Trombone Basse.
1.er Violon.
2.d Violon.
Alto.
Violoncelle.
Contre Basse.

65
2876. a.

N.º 4.
Allegro.
BEETHOVEN.
2 Flûtes.
2 Hautbois.
2 Clarinettes. en si ♭.
2 Bassons.
3 Cors en mi ♭.
2 Trompettes. en mi ♭.
Timbales en mi ♭ si ♭.
1.º Violon.
2.º Violon.
Alto.
Violoncelle et Basse.
à deux.

SYMPHONIE en UT Mineur.
N.° 5.
BEETHOVEN.
Allegro.
Petite Flûte.
2 Flûtes.
2 Hautbois.
2 Clarinettes en UT.
2 Bassons.
2 Cors en UT.
2 Trompettes en UT.
Col Cors.
Timbales en UT. SOL.
Trombone Alto.
Trombone Tenore.
Trombone Basse.
1.er Violon.
2.e Violon.
Col 1.er V.no
Alto.
Violoncelle.
Basse.
Col V.lle
2474. 5.
47.

N° 6.
Allᵗᵒ vivace.
HAYDN.
Flûtes.
2 Hautbois.
2 Clarinettes en si ♭.
2 Bassons.
2 Cors en mi ♭.
2 Trompettes en mi ♭.
Timbales
1ᵉʳ Violon.
2ᵉ Violon.
Alto.
Violoncelle et Basse.

N.° 7.   MOZART.

Allegro molto.

Flûtes.
2 Hautbois.
2 Bassons.
2 Cors en ut.
2 Trompettes en ut.
Timbales en ut sol.
1.er Violon.
2.e Violon.
Alto.
Violoncelle et Basse.

N.º 8.
SYMPHONIE HÉROÏQUE.
BEETHOVEN.
Allegro.
2 Flûtes.
2 Hautbois.
2 Clarinettes en si ♭.
2 Bassons.
2 Cors en si ♭.
2 Trompettes en mi ♭.
Timbales en si ♭, mi ♭.
1.er Violon.
2.e Violon.
Alto.
Violoncelle et Basse.
2674. R.

Les cinq premiers exemples font voir les différentes sortes de brillants et puissants effets qu'on obtient d'un bon emploi du grand orchestre. L'élève doit bien observer de quelle manière les instruments à vent sont employés, tantôt pour doubler, tantôt pour remplir l'harmonie au moyen d'accords successivement joués ou soutenus.

Les trois derniers exemples sont dans le style de la fugue. Dans le N.° 6, d'Haydn, les instruments à vent marchent à l'unisson avec le quatuor, parce que la rapidité des doubles croches n'est pas trop grande, et que la clarté de l'exécution est aisée à obtenir. Dans l'exemple N.° 7, la fugue est jouée par le quatuor seul, et l'entrée de tout l'orchestre est sous ce rapport des plus imposante. La même chose a lieu dans le dernier exemple N.° 8, où la rapidité des doubles croches n'admet aucun doublement. Certains instruments à vent, néanmoins, ont à faire accidentellement un contre-thème déterminé, jusque vers le *Tutti*.

CHAPITRE VI.

Lorsqu'on ajoute un accompagnement d'orchestre à un concerto, ou tout autre morceau de Piano (ou même pour un instrument quelconque) on doit prendre en considération ces deux points capitaux 1.° les passages solo ne doivent jamais être obscurcis par un accompagnement trop chargé; 2.° l'accompagnement doit toujours servir à faire briller le *Soliste* autant que possible, et soutenir son exécution.

L'orchestre ici ressemble aux parties secondaires d'un tableau qui sont uniquement destinées à mettre en relief et en lumière le principal objet.

Le quatuor est en général, spécialement propre à l'accompagnement, attendu qu'il peut plus aisément adoucir les *Pianissimo*, et que son timbre diffère suffisamment de la plupart des instruments *Solo*.

En accompagnant le Piano, la plus grande attention est nécessaire comme l'instrument peut s'accompagner lui-même un accompagnement surchargé ne produirait que de la confusion, et les plus brillants passages du pianiste seraient alors perdus. Dans une variation de bravoure, il suffit que le quatuor accompagne par de simples accords joués avec l'archet ou *Pizzicato*, puis, on peut y ajouter quelques instruments à vent.

Quand l'instrument solo a une mélodie ornée dans les octaves supérieures, un accompagnement du quatuor calme, soutenu (ou quelquefois *Tremolando*) produit le meilleur effet. Quand on donne des passages rapides au solo, un instrument à vent peut exécuter une simple mélodie, pendant que le quatuor accompagne *Piano, Staccato*, ou *Pizzicato*. Lorsque une harmonie soutenue est donnée aux instruments à vent, le solo doit avoir soit des traits brillants soit, dans les octaves supérieures une mélodie clairement marquée. Le mélange des parties d'accompagnement avec celle de solo dans une seule et même octave, doit surtout être évitée.

Un motif clair et fugué peut être donné à l'orchestre, *Mezza voce*, ou *Piano*, pendant que le pianiste exécute de brillants passages.

Le Violoncelle, seul, ou avec la Contre-Basse est souvent suffisant pour un simple accompagnement. La mélodie du solo n'est en général jamais doublée à l'unisson par aucun instrument, excepté peut-être accidentellement à l'octave supérieure ou inférieure.

Ce serait une faute que d'employer continuellement l'orchestre avec le Piano. L'exécutant doit avoir fréquemment des passages absolument seuls, et alors l'accompagnement rentre avec un effet d'autant plus remarquable. Toutefois d'autres instruments solo, comme le Violon, la Flûte, le Violoncelle, réclament naturellement un accompagnement plus continuel et plus complet.

Voir sur ces règles les exemples suivants :

CONCERTO en MI.
HUMMEL.
Allegro.
Flûte.
2 Hautbois.
2 Clarinettes en la.
2 Bassons.
2 Cors en mi.
1er Violon.
2e Violon.
Alto.
Violoncelle et Basse.
Piano.

CONCERTO en MI.
Moderato.
1er Violon.
2e Violon.
Alto.
Violoncelle.
Basse.
Piano.

SECOND CONCERTO.

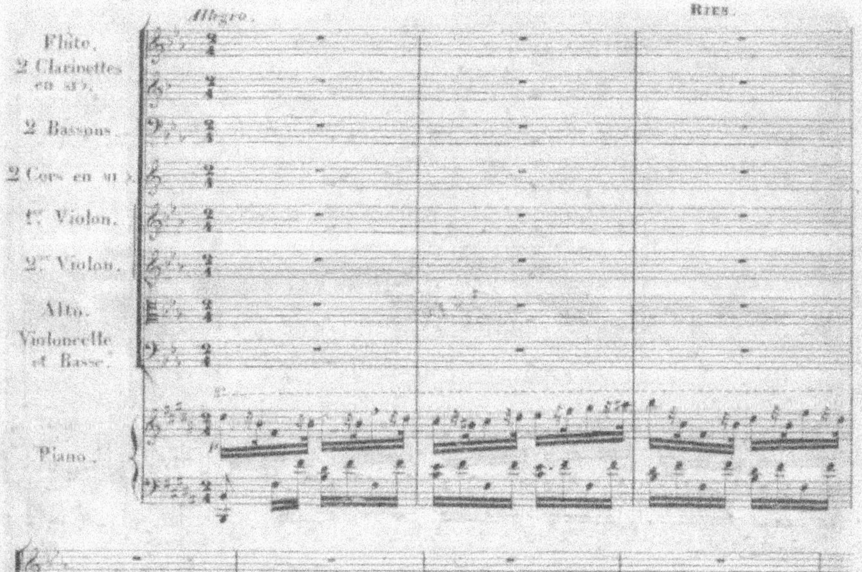

2574. N.

CONCERTO en MI ♭.

Allegro moderato. (Les autres instruments se taisent)

BEETHOVEN.

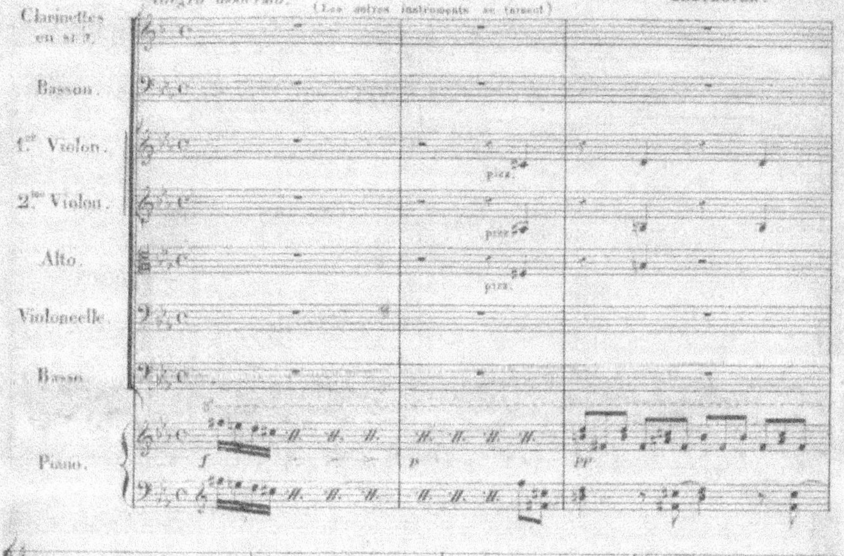

88.
RONDO en SI♭.
Allegro.
HUMMEL.
Flûtes.
2 Hautbois.
2 Clarinettes en si♭.
2 Bassons.
1er Violon.
2me Violon.
Alto.
Violoncelle.
Basse.
Piano.
2374. 8.

arco
arco
arco
arco

pizz.
pizz.
pizz.
pizz.
pizz.
arco.
arco.
2874. H.

CHAPITRE VII

DE L'INSTRUMENTATION DE LA MUSIQUE VOCALE.

Dans les chapitres précédents, on a mentionné seulement cette sorte d'instrumentation qui dépend du caprice ou de la volonté du compositeur; et dans laquelle on doit observer tout ce qui est saillant, à effet clair et partout approprié aux pensées musicales. Mais lorsqu'une ou plusieurs voix doivent être accompagnées indépendamment de ces conditions, les points suivants doivent aussi être pris en considération.

1° Le caractère du poème.
2° Le rôle rempli par le chanteur.
3° La qualité l'étendue et la force de la voix.

Chaque instrument à vent possède un timbre un caractère de son particulier bien distinct et même entre le violon l'alto et le violoncelle il existe a cet égard une différence bien sensible, le choix de l'instrument qui doit soutenir et colorer un passage vocal, est donc sous tous les rapports un objet digne d'attention.

La Flûte, la Clarinette et le Cor, aussi bien que les notes les plus hautes du Basson, conviennent en général mieux a de tendres et doux sentiments, que le Hautbois, qui a plutôt un caractère vif ou joyeux.

De plus il s'ensuit naturellement, que pour les petites pièces telles que Cavatines, Romances etc., une partie seule de l'orchestre est employée, et que tous les instruments bruyants sont mis de côté, ainsi on ajoute au Quatuor des instruments a cordes (qui en général n'est jamais supprimé,) soit:

1 flûte, 2 clarinettes et 2 bassons;
ou 1 flûte, 2 hautbois et 2 cors;
ou 1 clarinette, 1 hautbois, 2 cors et 2 bassons;
ou 2 flûtes, 2 cors et 1 bassons

selon les sentiments exprimés dans le texte, le caractère, le rang et l'âge de la personne qui chante.

Des parties de voix solo sont rarement doublées a l'unisson par un instrument. Lorsqu'on le juge nécessaire le 1er Violon ou la Clarinette est employé ordinairement pour les parties de femme. (Dessus, Soprano, Contralto.) Dans le cours d'une pièce vocale, au contraire le retour du thème peut être doublé soit par le Basson à l'octave inférieure ou par la Flûte à l'octave supérieure, en supposant que la mélodie soit simple et bien adaptée au sujet.

Le Ténor et la voix de Basse peuvent accidentellement être doublés a l'octave supérieure par le Violon ou un instrument à vent.

La Basse solo marche quelquefois à l'unisson avec les basses de l'orchestre. Ceci néanmoins n'arrive que rarement et seulement dans les passages simples; car, même dans les notes les plus graves la voix de la basse chantante ressort si pleinement qu'elle peut toujours soutenir la mélodie; c'est pourquoi la Basse du quatuor a cordes est employée constamment et comme base de l'accompagnement.

Voici des exemples d'airs solo, procédant depuis l'accompagnement le plus simple jusqu'aux plus grandes compositions.

N° 1.
L'ENLÈVEMENT.
Andante.
MOZART.
1er Violon.
2e Violon.
Alto.
SOPRANO.
Vlles et Basse.

84

N.° 2.
Andante.
MOZART.
1. Flûte.
1. Hautbois.
1. Basson.
1.er Violon.
2.d Violon.
Alto.
SOPRANO.
Violoncelle.
Basse.
Col. V.lle

N° 3.
MOZART.
Andantino.
2 Flûtes.
1 Basson.
1r. Violon.
2d. Violon.
Alto.
BASSE.
Vlle et Basse.
Non sia te ri tro _ si, oe _ chel fi ver zo _ si, che
ïsus _ pa_me re_si vi _ bra_te en pe gua.

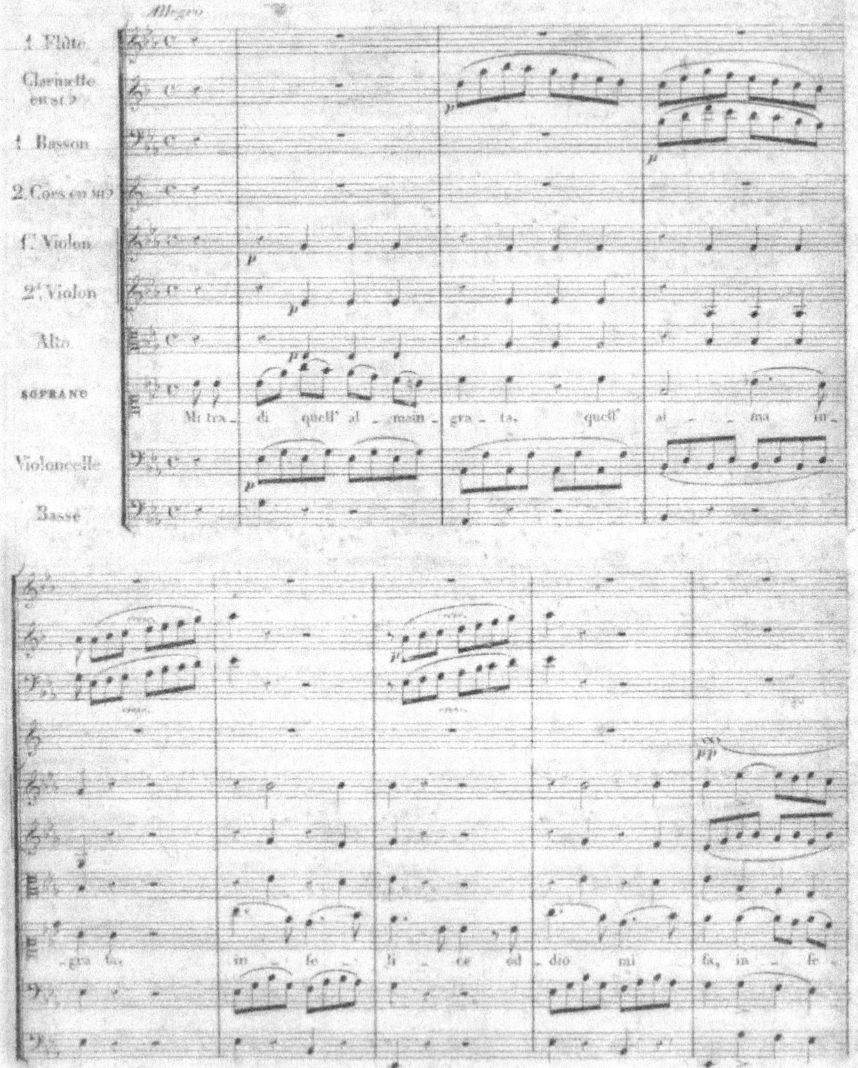
Allegro
1. Flûte
Clarinette en si b
1. Basson
2. Cors en mi b
1er Violon
2d Violon
Alto
SOPRANO
Violoncelle
Basse
Mi tra _ di quell' al _ ma in _ gra _ ta, quell' al _ _ ma in _
_ gra ta, in _ fe _ li _ ce od _ dio mi fa, in _ fe

li ce od dio mi fa, ia fe li ce od dio, od
die m fa
Mi tra

N° 5.
Allegro moderato.
2 Flûtes.
2 Clarinettes, en si ♭.
2 Bassons.
2 Cors en mi ♭.
TENOR
1er Violon.
2e Violon.
Alto.
Violoncelle et Basse.

ce _ _ me na _ scon_de _ re   la fia_ma in _ ra _ ce, se in pet _ to quest'
a _ ni _ ma   sma_ni ta ha la pa _ ce; se a _ mor   mi fa _ ci _ a_ma d'eu

en do po ten se a mor mi fa vit ti mo d'in en do po
ten se a mor mi fa vit ti mo d'in en do po ten

N.º 6.
ROSSINI
Allegro
2 Flûtes.
2 Hautbois.
2 Clarinettes en ut.
2 Bassons.
2 Cors en sol.
2 Trompettes en ut.
1 Trombone.
SOPRANO
1.er Violon.
2.d Violon.
Alto.
Violoncelle et Basse.

2874. R.

106
ff
ff
ff
ff
ff
ff
ff
Di ca prie ci, di smor fioi a te, di sa
pizz.
ff
pizz.
ff
pizz.
ff
pizz.

spi _ ri, di gra _ ziette, Di si _ len _ zi eloquen _ tis _ simi, Di arti, E _ zj sublli _ mis _ si _ mi Quella _

_ni _ da fio _ ri _ tò, o im po e _ ta li so _ gnò, io me ho tanta, io ne fan ta quanti

ff
ff
ff
ff
ff
ff
...tà   Cor...ra...din   si piegherà   al mio piè   si prostre...rà   piange...rà   sospir...
ff   pizz.   p arco.
ff   pizz.   arco.
ff   pizz.   arco.
ff   pizz.   arco.

_ra, piange _ ra sospi _ ra, schiavo mio, schiavo mio restar do_vra, si schia_vo
dol.
dol.

mio res_tar do_vrà, si schia_ro mio res_tar do_vrà, restar dovrà,

Col Flauto
 schia - vo mio re - sta
ff
ff
ff
ff
ff
ff
ff

Le N.º 1 est entièrement sans instruments à vent, et la mélodie est le plus souvent, accompagnée à l'unisson par le 1.ᵉʳ Violon. Comme les Violons accompagnent très piano, la partie vocale ressort parfaitement claire.

Au N.º 2, outre le quatuor il y a trois instruments à vent différents qui accidentellement, mais avec un grand effet soutiennent la mélodie par quelques notes combinées simplement.

Au N.º 3. La voix de Basse, est accompagnée par le 1.ᵉʳ Violon dans les octaves supérieures.

Le N.º 4, est concertant avec plusieurs instruments à vent, pendant que le violoncelle joue un accompagnement animé auquel les Contre Basses donnent les notes fondamentales.

N.º 5. C'est une Cavatine de bravoure pour tenor solo, et dans laquelle le quatuor accompagne simplement. Quelques instruments à vent çà et là de temps à autre s'unissent à la mélodie.

Le N.º 6. est un morceau de chant semblable, où néanmoins coopère le grand orchestre, quoique le simple accompagnement donne au chanteur toute certitude pour déployer son jeu et sa voix.

Les deux derniers exemples sont écrits dans le véritable style Italien, et leurs magnifiques beautés de mélodies ne manquent jamais leur effet avec de belles voix et une bonne exécution.

Dans les Duos, Trios, etc, les mêmes règles sont applicables, mais afin que les parties vocales puissent être facilement distinguées, on ne doit employer les instruments à vent qu'avec la plus stricte économie, en les laissant entrer d'abord dans le cours de l'œuvre d'une manière graduellement renforcée.

Dans les operas modernes, la Harpe a été très fréquemment et utilement employée avec beaucoup d'effet pour accompagner quelques morceaux de chant d'un genre convenable. On peut s'en servir seule ou en combinaison avec le quatuor ou quelques autres instruments à vent; mais il ne faut pas trop souvent l'employer.

Les deux exemples suivants présentent à cet égard d'excellents modèles et sont en même temps fort bons à étudier comme canons d'operas, à effet et très harmonieux.

LA GAZZA LADRA.
Rossini.
Andante.
2 Flûtes.
2 Hautbois.
2 Clarinettes
en si ♭.
2 Bassons.
2 Cors en
SOPRANO.
1re BASSE.
2me BASSE.
1er Violon.
2me Violon.
Alto.
Violoncelle
et Basse.
2874. R.

randi, Sac - - cer - - - do, pa - - ria.

stia - - to e propi - - - zio, Amor - - re di scen - di se il co - - re gli au
O numelo ne - ti - - - ro, Che il giu - sto do fen - di. Pro - pi - am ti

cen _ di, che gio _ ja _ sa _ ra.
ren _ di, Soc _ cor _ so, pie _ tà.

ne be ne fi ce, Che il gu sti di fen di, Pro
Ce stato è pra pi ce,
A mor di scru di,
Pro pi zio ti con di.
pizz.
pizz.

_pi _ no ti ren _ di, Soc _ cor _ so, pie _ tà
Se il curegliar i con _ di. Che giu _ ja sa _
si, si.
Soc _

Soccor so, pie tà. Soccor
rà Che piu pa sa rà. Chegio
cor so, pie tà, Soccor so, pe tà. Soccor
arco.
arco.
arco.
arco.
pizz.
pizz.
pizz.
pizz.

p
ta, pie ta.
la sa ta.
io, pie ta.
arco. p
arco. p
arco.
p
arco.
p
2874. n.

Andantino
1er SOPRANO.
2e SOPRANO.
1er TENOR.
2e TENOR.
Harpe.
Violoncelle.
Mi man - ca la vo - ce, mi
sen - to mo - ri - re, Si fie - ro mar - ti - re, chi

può tol _ le _ rar Mi man _ ca la vo _ ce, mi
Mi man _ ca la vo _ ce, mi

sen _ to mo _ ri _ re, Si fier mar _ tir, chi può, chi
sen _ to mo _ ri _ re. Si fie _ ro mar _ ti _ re chi

pu`o tol - le - rar, Mi man - ca la vo - ce, mi
Mi man - ca la vo - ce, mi
puo tol - le - rar, Mi man - ca la vo - ce, mi
sen - to mo - ri - re, Si fie - ro mar - ti - re, chi
sen - to mo - ri - re, Si fie - ro mar - ti - re
sen - to mo - ri - re, Si fier mar - tir en puo, chi

può tol _ le _ rar. Mi man _ ca la vo _ ce, mi
può tol _ le _ rar. Mi man _ ca la vo _ ce, mi
può tol _ le _ rar. Mi man _ ca la vo _ ce, mi
Mi man _ ca la vo _ ce, mi
Basses.

sen _ to mo _ ri _ re, Si fie _ ro marti _ re, chi
sen _ to mo _ ri _ re, Si fier ma _ tir, chi può, di
sen _ to mo _ ri _ re, Si fie _ ro mar _ ti _ re, chi
sen _ to mo _ ri _ re, Si fie _ ro mar _ ti _ re, chi
2974. R.

puo tol le rar.
puo tol le rar. mi ma ca la
puo tol le rar. mi ma ca la vo ce,
puo tol le rar.
mi mor ca la vo ce, Si
vo ce,
Si
mi sen to mo ri re, Si

fie - ro mar - ti - re, chi può tol - - le
mar - ti - re, chi può tol - - le
fie - ro mar - ti - re, chi può tol - - le
fie - ro mar - ti - re, chi può tol - - le
rar. mi man - ca la
rar. mi sen - to mo - ri - - re,
rar. mi man - ca la vo - ce
rar.

ro re Si fie ro mar
mar
Si fie ro mar
Mi sen to mo ri re Si fie ro mar
ti re chi guè tol le rar.
ti re chi prò tol fe rar.
ti re chi può tol le rar.
ti re chi può tol fe rar.
ti re chi può tol fe rar.

Le compositeur, peut relativement à l'instrumentation s'abandonner surtout à son imagination, lorsqu'une situation particulière de nature surprenante ou frappante se présente sur la scène. Il doit alors faire usage d'un des nombreux moyens que lui présentent les diverses combinaisons des instruments, ou de l'emploi subit d'un effet nouveau.

Il y a, dans les ouvrages des grands maîtres, beaucoup de passages qui sont une véritable émanation du génie, et dans lesquels se produisent fréquemment des effets extraordinaires par très simples moyens bien appliqués. En voici un de ce genre, tiré de la création d'Haydn.

Le caractère et l'effet de ce passage consistent dans cette circonstance peu importante en apparence, que Haydn, après les mots, QUE LA LUMIÈRE SOIT indique l'accord de dominante, joué non pas CUL ARCO, mais, PIZZICATO.

Un emploi non moins heureux du PIZZICATO se trouve dans le Fidelio de Beethoven, dans le duo entre Pizarre et Rock, au 1er acte.

Le PIZZICATO des Basses, à ces mots: ET TOUT EST DIT est ici du plus grand effet. Dans la 9e Symphonie de Beethoven avant ces paroles FROH WIE SEINE SONNEN FLIEGEN dans le chœur final, la Grosse Caisse entre subitement et inattendue, PIANISSIMO, manifestant le même génie. Il en est de même dans la prière de Moïse de Rossini.

Dans ces cas, la Grosse Caisse devrait posséder un son, creux, sourd, comme le retentissement lointain du canon. Lorsque, ainsi qu'il arrive fréquemment, elle résonne comme une planche, l'effet est commun et ridicule.

Nous donnons ici quelques exemples de ces divers effets musicaux imitatifs et ingénieux.

Andante.
2 Flûtes.
2 Hautbois.
2 Clarinettes en si♭.
2 Bassons.
2 Cors en si♭.
2 Trompettes en ré.
Timbales en ré et la.
SOPRANO.
1er Violon.
2e Violon.
Alto.
Violoncelle et Basse.
Sola so - la in bu - ja lo - co, pal-pi - tar il cor mi
p sf

2834. h.

BASSE.
sem bra di mo rir Più che cerco men ri trovo, Questa

por-ta, ques-ta por-ta sca-gn - ra - la.
pia-no, piano
l'ho tro-

p.
sa-ta, l'ho tro-va-ta, Ec-co il tem-po di fug - gir. Ec-co il tem-po di fug-

-gir, ec-co il tem-po, ec-co il tem-po, ec-co il tem-po di fug - gir.

196
En ré.
En si♭.
TENORE.

sul   pa al mo   do   lo   re;   l'om   bra

N.º 2.

MOZART

Adagio
2 Hautbois.
2 Clarinette en si♭.
2 Bassons.
1 Trombone
2 Trombone
3 Trombone
BASSE.
Violoncelle et Basse.
Di ri der D mi rai pria dell'au ro ra, Ri
dol do, an da re liela a mor ti bi pa del

Andante. Recitativo
2 Flûtes.
2 Hautbois.
2 Clarinette en LA.
2 Bassons.
SOPRANO.
1er Violon.
tempo.
Recit. pp
2d Violon.
pp
Alto.
pp
Violoncelle.
pp
Basse.
pp
tempo.
Recit
tempo.

SOPRANO.

lei - se, from - - me Wei - se, schwing dich auf zum Stern - en -
1ᵐᵉ V.
2ᵈᵉ V.
Alto.
V.ᶜᵉˡˡᵉ
- krei - se, Lied er schal - te fei - ernd wal - le
V.ᶜᵉˡˡⁱ con sordino.
mein Ge - bet zur Him-mels-hal - - le.

Dans le 1er exemple, la modulation en Re majeur (à la 27me mesure) convient à la situation théâtrale; attendu qu'en ce moment, la scène jusque là sombre est subitement illuminée par l'arrivée de plusieurs personnes munies de torches. L'entrée imprévue des trompettes et des tambours dans le ton de Re produit un effet aussi surprenant qu'harmonieusement beau.

Dans le 2me exemple, Mozart a réuni ces instruments à vent aux Basses, ce qui accompagne très convenablemen le monotone et terrible chant prononcé par l'ombre du commandeur à cheval.

Le commencement du 3me exemple montre la manière d'instrumenter un récitatif accompagné. Dans la prière suivante, les violons divisés et avec sourdine, produisent un effet, qui pour rendre le sens pieux des paroles, ne peut être surpassé.

Beaucoup de morceaux d'opéra, admettent très convenablement un accompagnement d'instruments à vent seulement, Tels que Pièces de concert, Chœurs, etc.

Quand le chœur chante à l'unisson l'orchestre doit donner l'harmonie nécessaire aussi pleine que possible, afin que la justesse puisse être conservée entre les deux masses.

Il y a des situations théâtrales ou un nombre inusité d'instruments doit être employé; par exemple une troupe de militaires armés sur le théâtre ou derrière la scène—un double chœur—un grand nombre de trompettes etc. et de plus plusieurs Solo chantants et appartenant à l'action.

Dans l'emploi de telles masses, les idées musicales doivent être spécialement convenables, claires, intelligibles, simples et pourtant brillantes; autrement l'emploi de pareils moyens serait regrettable. La composition deviendrait confuse en elle même ou produirait de la confusion dans l'exécution, si le compositeur rendait le Rhytme la division des temps, ou les modulations trop difficiles.

Pour l'éclaircissement de tout cela nous donnons les exemples qui suivent:

DON JUAN.

N.° 1.
MOZART.
Adagio.
2 Flûtes.
2 Hautbois.
2 Clarinettes en si ♭.
2 Bassons.
2 Cors en mi ♭.
1.er SOPRANO.
2.do SOPRANO.
TENOR.
p
Pro - teg - ga il giu - sto cie - lo, il ze - lo del mio
Ven - di-chi il giu - - sto cie-lo,
Pro - teg - ga il giu - sto cie - lo, il ze - lo del mio
cor! Pro - teg - ga il giu - - sto cie - - lo, il
il mio tra-di - - to a - mor! Ven-dichi il giu-sto cie-lo, il mio tra-di-to a-
cor!
Pro-tegga il giu-sto cie-lo, il ze-lo del mio
2874. R.

ze - - - lo del mio cor!   Pro-teg - ga il giu - - sto
mor, il mio tra - - di - ta tra-di-tra - mor   Ven-dichi il giu-sto
cor, il zelo il zé-lo del mio cor!   Protegga il giu-sto
cie - - lo, il mio tra-di-to-ra - mor   il amo, il   mio tra-di - to-a
cie-lo, il ze - lo del mio cor, il zelo, il   ze - lo del mio
2574. a.

cor! Pro _ teg _ ga il giu _ sto cie_lo, il
mor! Ven_di chi ven_di chi il giu_sto cie _ lo, il mio tra _ di _ to tra_ di_to a_
cor! Pro _ teg _ ga il giu _ sto cie_lo, il
re _ lo del mio cor!
mor, tra_di _ to a _ mor!
re _ lo del mio cor!

145
CHOEUR DES CHASSEURS
WEBER (Freischütz.)
N.º 2.
Molto vivace.
3 Cors en ré.
1 Cors en la.
2 Bassons.
1 Trombone basse
2 Trompettes en ré
Timbale en ré la.
CHOEUR
2 TENOR.
1.º BASSE
2.º BASSE
2874. H.

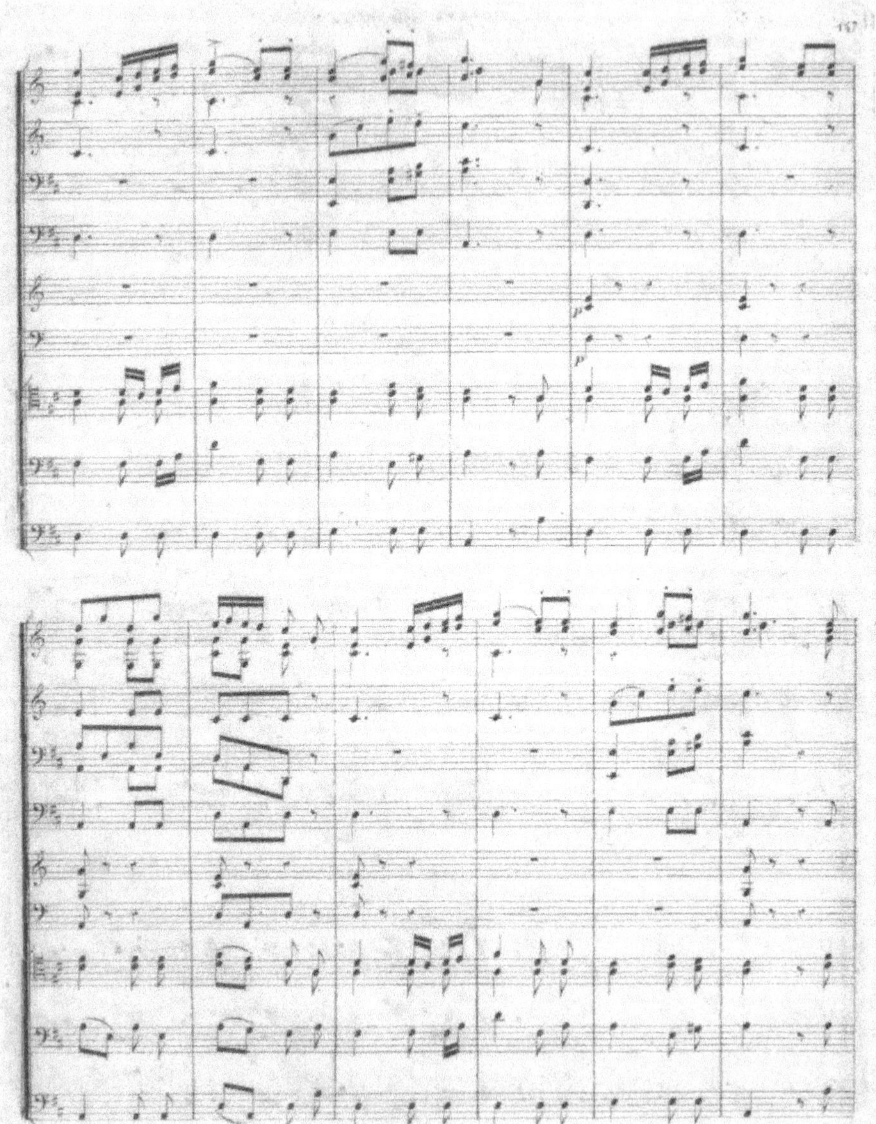
2374. R.

149
frei _ er und freud' _ ger der vol _ le Po _ kal! Yo _ ho tra la la la la
frei _ er und freud' _ ger der vol _ le Po _ kal! Yo _ ho tra la la la la
dim.
accelerando.
4. Voix solo.
la la la la la la la la la la la la la la la la la la la la la la la la la
la la la la la la la la la la la la la la la la la la la la la
la la la la la la la la la la la la la la la la la la la la la la la la la la la la la la
p dol.
2874. R.

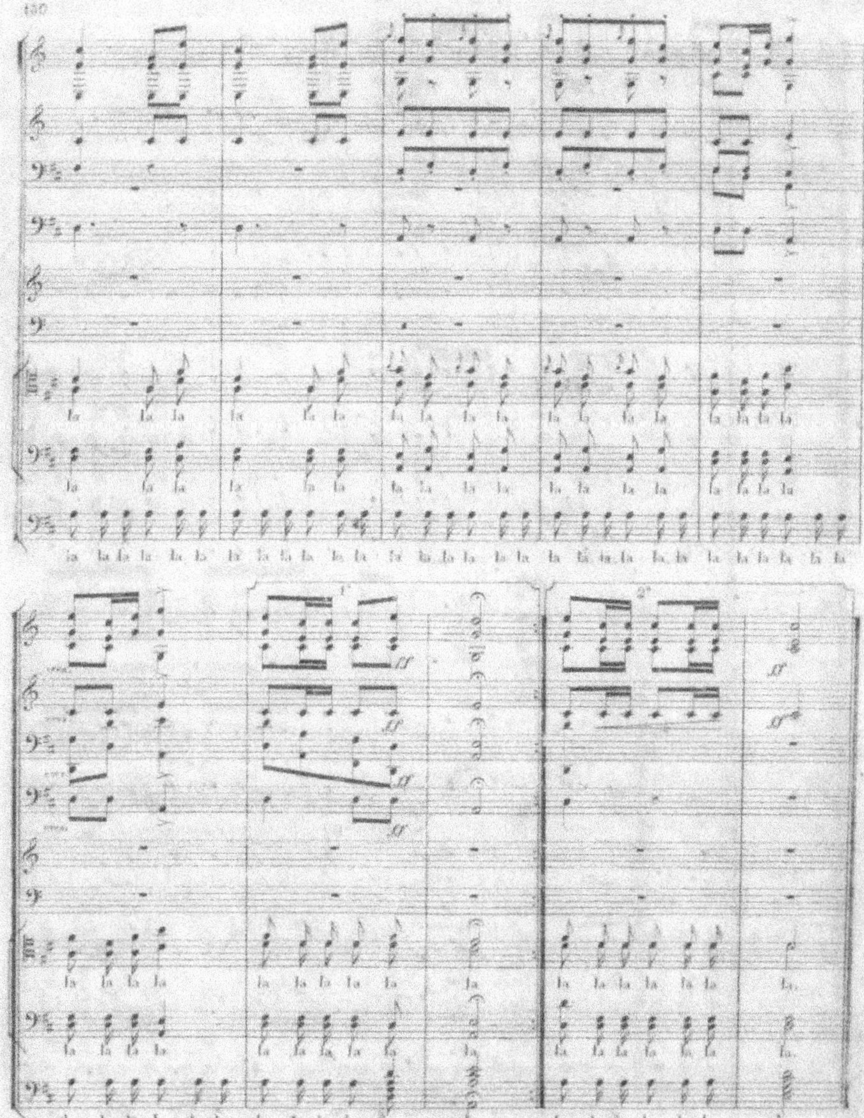

la la la la la la la
la la la la la la la la
la la la la la la la la la la
la la la la la la la la la la
la la la la la la la la la la la la
la la la la la la la
la la la la la la
la la la la la la la
ff
ff
ff
ff
la la la la la la
2874. R.

CHOEUR RELIGIEUX.
151
N.º 5.
BELLINI (NORMA)
Andante mosso.
2 Flûtes.
2 Hautbois.
2 Clarinettes en ut.
2 Bassons.
2 Cors en sol.
2 Cors en ré.
2 Trompettes en sol.
Timbales en sol. ré.
Serpent et Ophicléide.
Grosse Caisse.
CHOEUR.
TENORS.
Deh! non volerli vittime, Terribil Dio funesto forma,
BASSES.
Deh! non volerli vittime, Terribil Dio funesto forma,
1.er Violon.
2.e Violon.
Alto.
Violoncelle et Basse.
3 Trombones.
2674 . B.

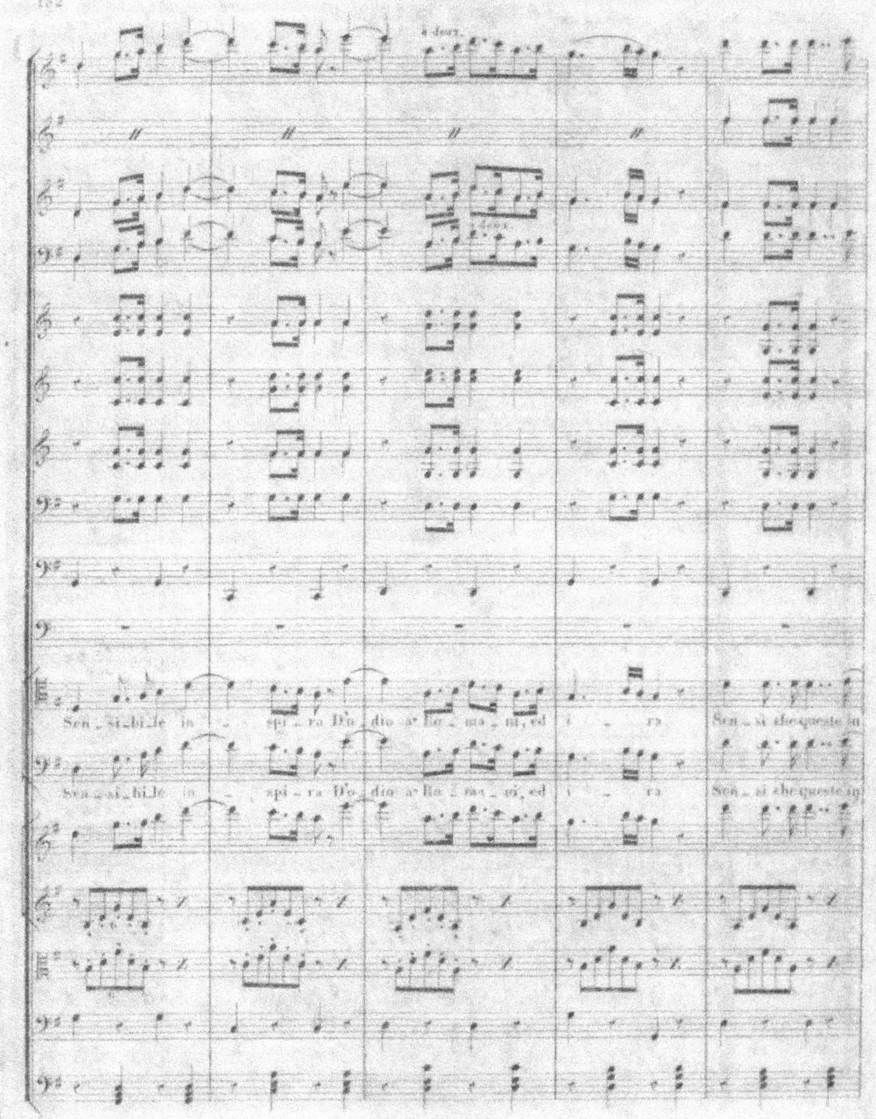

Sen_si_bi_le in   spi_ra D'o_dio a'Ra_na_ni, ed i   ra   Sen_si che queste in
Sen_si_bi_le in   spi_ra D'o_dio a'Ra_na_ni, ed i   ra   Sen_si che queste in

fran _ gano   Pa _ ce pernoi mor _ tal si   Nel _ la citta dei Ce _ sa _ ri Tre
fran _ gano   Pa _ ce pernoi mor _ tal si   Nel _ la citta dei Ce _ sa _ ri Tre
2874. a.

men_do ec_che_ge _ ra   E   del suo scudo al suo _ no   Pa_ri al fragor del
men_do ec_che_ge _ ra   E   del suo scudo al suo _ no   Pa_ri al fragor del

tuo _ no Nel _ la città dei Ce _ sa _ ri Tre _ men _ do echeg-ge _ ra.
tuo _ no Nel _ la città dei Ce _ sa _ ri Tre _ men _ do echeg-ge _ ra.

CHŒUR MARTIAL, BELLIQUEUX.

ROSSINI. (DONNA DEL LAGO.)

Allegro.

2 Trompettes en MI♭.
1 Trompette en MI♭.
2 Trompettes en SI♭.
1 Trompette en LA♭.
1 Trompette en SOL.
1 Trompette en FA.
4 Cors en MI♭.
2 Trombones.
2 Petites Flûtes en MI♭.
5 Clarinettes en SI♭.
2 Cors en MI♭.
2 Trompettes en MI♭.
1 Trompette en FA.
1 Trompette en LA.
1 Serpent et 2 Bassons.
2 Trombones.
1 Ophicléide.
Grosse Caisse et Cimbale.
SOPRANO et TÉNORS.
BASSES.
1er Violon.
2d Violon.
Alto.
Violoncelle et Basse.

CHŒUR

2574. 8.

157
marciamo, struggiamo, So a mi ci gue rieri, mar
BRUIT DE LA SCÈNE
2876. R.

_ na _ mo, _ giamo!
Su _ s _ mi, ti _ gue _ ti _ e _ ti, mar _ cia _ mo,

cia... mo struggiamo,
il vostro oppres...
strug... giamo! Su mar... cia... mo, strug... giamo, il no... stro op... pres...

sor
Su a - mi - a guer - rieri mar -
cor le strin - ge - le

Le N.º 1. est un Trio, avec un accompagnement des instruments à vent les plus doux. Les voix procèdent tantôt dans un style mélodieux, et tantôt en traits mélodiques; l'accompagnement, malgré sa simplicité parfaite est suffisamment plein, et le tout extrêmement harmonieux, mais il réclame de toutes les parties une exécution très soignée.

N. 2. C'est le chœur favori des chasseurs, avec l'accompagnement de 4 Cors, 2 Bassons, 1 Trombone, 2 Trompettes et Timbales qui est d'un si bel effet. On remarquera, comment le 4.º Cor en La, est employé pour remplir les parties intermédiaires.

N. 3. Le grand effet que ce chœur produit toujours lorsqu'il est bien exécuté, lui donne une valeur assez grande pour que l'on étudie les moyens par lesquels l'auteur a obtenu ce résultat. L'unisson des nombreuses voix d'hommes donne d'autant plus de relief à la mélodie si heureusement conçue, qu'elle appartient à cette espèce de chants qui ont un sens intelligible, même sans aucun accompagnement.

L'accompagnement est écrit en accords simples, ingénieux, et bien consonnants. On peut encore observer ici que c'est toujours un avantage très grand pour une composition musicale, quand on n'a pas recours à des moyens harmoniques extraordinaires pour exciter l'intérêt.

L'exemple du N. 4. consiste dans l'emploi de plusieurs grandes masses de sons. Savoir:

1. Le grand orchestre ordinaire.
2. 8 Trompettes, 4 Cors, et 2 Trombones, sur le théâtre.
3. La musique militaire complète derrière la scène.
4. Le grand chœur de voix d'hommes.
5. Les voix Solo.

La 2.º masse montre combien de Trompettes de différents tons peuvent être combinées pour obtenir une harmonie pleine. La 3.º masse vient en dernier lieu, comme de loin, et renforce l'effet par de brefs accords, sans rien perdre de sa clarté. Les parties de solo se distinguent suffisamment par une mélodie différente, pour qu'ils soient intelligibles. Le chœur des voix d'hommes arrive le dernier avec un simple passage à l'unisson. Ensuite à deux et trois parties. Enfin, l'orchestre ordinaire rehausse encore l'effet au moyen d'accords pleins où se trouvent aussi introduits les instruments à vent, que nous avons été forcés d'omettre dans l'exemple donné, faute d'espace.

La pensée musicale toute entière est si simple qu'elle ne présente aucunes difficultés dans l'exécution.

En écrivant de semblables morceaux, le compositeur doit coller deux ou trois feuilles de papier ensemble l'une au-dessus de l'autre.

Un travail aussi compliqué paraît difficile à composer; mais, en réalité il ne l'est pas. Quand le motif principal est une fois inventé tous les effet qui y sont ajoutés sont de purs accessoirs que l'on écrit très aisément. Cette remarque s'applique à toutes les compositions de plusieurs masses combinées, dont la partition semble d'abord, extrêmement compliquée et même inextricable.

L'instrumentation des composition d'Église, doit en général, être aussi simple que possible. Là aussi, l'idée principale, dans le Quatuor vocal, doit être claire et bien déterminée, et ainsi, le coloris   afin que la masse orchestrale n'occasionne aucune difficulté.

Les Fugues sont accompagnées à l'unisson par l'orchestre; ou bien, tandis que la fugue est exécutée par les voix et les instruments à vent, le Quatuor à cordes exécute des passages appropriés au sujet, plus ou moins ornés de fioritures, et dans un mouvement tout à fait contraire. On trouve un exemple du premier genre dans la Fugue *KYRIE ELEISON* du Requiem de Mozart, et un du dernier genre dans la seconde grande Fugue du même ouvrage, sur les paroles *QUAM OLIM ABRAHÆ*.

CONCLUSION.

L'officier ou le soldat qui veulent parvenir à un grade supérieur, doivent en général passer préalablement par les rangs inférieurs de leur profession, et y acquérir l'expérience et le savoir nécessaires; il en est de même, du compositeur avant qu'il ne soit en état de créer des ouvrages, de la plus haute portée. C'est pourquoi notre méthode, marche d'une manière naturelle et convenable, depuis les notions les plus simples jusqu'aux œuvres de la plus haute importance. Notre dessein étant d'indiquer aux jeunes talents qui se dévouent à la musique et à la composition, le moyen le plus sûr non seulement de ne pas dépenser sans aucun fruit les précieuses facultés dont la nature les a dotés, mais encore de les cultiver et de les employer judicieusement et avec un succès assuré.

Jamais un résultat satisfaisant n'a été obtenu, quand l'élève s'est hazardé trop tôt sur des essais de compositions auxquelles il n'était pas encore préparé et pour lesquels il manquait des connaissances préliminaires indispensables. Au contraire, le chemin que nous traçons, assure un progrès tellement certain, que ceux même dont le talent est lent à se développer, peuvent arriver par là à un degré de savoir très positif en composition.

De grands génies, il est vrai, suivent sans danger leurs impulsions intérieures, et se font à eux-mêmes leurs propres règles. Mais de tels génies sont *TRÈS RARES*, et le jeune artiste qui est trop pleinement convaincu de sa capacité, doit prendre garde de ne pas trop se flatter lui-même, et craindre que cette fausse opinion qu'il a de son génie ne provienne de son aversion pour des études, laborieuses, pénibles mais nécessaires. Beaucoup de jeunes gens doués de beaucoup de talent ont éprouvé bien souvent, mais trop tard, la mortification de reconnaître leur funeste illusion, par le jugement sévère du public; tandis que par des études progressives et soutenues, ils seraient venus prendre un rang honorable parmi les bons compositeurs.

Enfin, les grands, les véritables génies même, ont prouvé par la plus consciencieuse étude, leur respect pour les règles et les formes établies.

Le premier et le plus naturel effort de tout compositeur est, incontestablement, de plaire au public, d'en être connu, compris et de jouir de tous les avantages qui suivent ses faveurs. Le public n'est pas aussi injuste que beaucoup de gens le supposent; car ce qui est bon, beau, et utile obtient partout du succès. Lorsqu'il en est autrement, la faute en reste presque toujours au compositeur. Ainsi donc se plaindre de l'envie, de l'animosité, des préjugés, de l'ignorance, etc. du public, ce sont en général, des récriminations aussi ridicules que peu fondées.

Une composition harmonieuse, agréable et mélodieuse, obtient presque toujours et immédiatement un bon accueil. Mais il faut naturellement à une œuvre artistique, profonde, dans un genre neuf et original, beaucoup plus de temps pour réussir. Néanmoins, lorsque toutes ces qualités se trouvent réunies on peut s'attendre à la fois à un prompt et durable succès.

Pour atteindre ce noble but, le compositeur doit être libre de tout préjugé, n'être asservi à aucun système particulier, et savoir soumettre son génie et son talent, quelques grands qu'ils puissent être, à la raison, et à l'expérience.